Hashim Al-Azzam

Der dritte Blick

Transkulturelle Spuren in islamischer Kunst und westlicher Avantgarde

Mein besonderer Dank gilt Prof. Dr. Claudia Hattendorff für die fachlich kompetente Betreuung des kunsthistorischen Kapitels „Kandinsky und die islamische Ornamentik" im Rahmen meiner Promotion Plastik als transkulturelle Erfahrung. Ebenfalls danke ich René Henoch für das sorgfältige Lektorat meiner Texte.

„Erst das vielgeschmähte >>postmoderne Klima<< schien aber den Blick auf einen breiteren Horizont freizugeben, an dem Ornament und Avantgarde nicht mehr als unvereinbare Gegensätze, sondern als fruchtbare Dialektik von Bruch und Versöhnung, Sündenfall und Erfüllung erscheinen.“[1]

Markus Brüderlin

FSC
www.fsc.org
MIX
Papier aus verantwortungsvollen Quellen
Paper from responsible sources
FSC® C105338

Bibliografische Information der Deutschen Nationalbibliothek:

Die Deutsche Nationalbibliothek verzeichnet diese Publikation in der Deutschen Nationalbibliografie; detaillierte bibliografische Daten sind im Internet über https://dnb.d-nb.de abrufbar.

Verlag:

BoD · Books on Demand GmbH, Überseering 33,

22297 Hamburg, bod@bod.de

Druck:

Libri Plureos GmbH, Friedensallee 273, 22763 Hamburg

ISBN: 978-3-7693-7870-2

Inhaltsverzeichnis

Einleitung

In der existenziellen Philosophie von Sartre wird der Begriff der Freiheit an einer ungewöhnlichen Grenze behandelt. Sartre ist der Ansicht, dass der Mensch auf seine Freiheit verurteilt ist und dass er gegenüber seiner Gegenwart, Zukunft und Vergangenheit frei ist. Dass das Subjekt gegenüber seiner Gegenwart und Zukunft frei ist, ist nachvollziehbar, aber die Freiheit gegenüber seiner Vergangenheit ist fraglich. Was meint Sartre damit? In seiner Vorlesung „Sartre in 60 Minuten" beschreibt der Philosoph Walther Ziegler anhand seiner Erfahrungen in der ehemaligen DDR, wie dort die Freiheit gegenüber der Vergangenheit geübt wurde. Er berichtet, dass er in seiner Jugendzeit ein Museum der Antike besucht habe. Dort habe er eine Büste von Alexander dem Großen gesehen. Die Beschriftung unter der Büste lautete sinngemäß, dass es sich bei Alexander um einen Imperialisten gehandelt habe, der einen ganzen Kontinent überfallen habe. Er sei der Sohn von Philipp II. gewesen, der zu Unrecht den Beinamen „der Große" erhalten habe. Tatsächlich – so die Darstellung im Museum – habe Alexander aus niederen Motiven gehandelt. Mit einer Armee bezahlter Söldner habe er ein Blutbad angerichtet und dabei die einzigartigen Paläste von Susa und Babylon unwiederbringlich zerstört. Damit habe er die jahrhundertelange Arbeit von Tausenden Werktätigen für immer zunichtegemacht und sich letztlich als dumpfer Barbar entlarvt.[2] Dies zeigt sich an der Beantwortung einer grundlegenden Frage: Warum werden Geschichtsbücher ständig mit wesentlichen Änderungen neu geschrieben? Die Geschichte wird fortlaufend ergänzt und korrigiert, aus der Perspektive der Zukunft, in der wir uns irgendwann befinden werden. Denn unser Verständnis der Vergangenheit ist niemals abgeschlossen, sondern verändert sich mit neuen Erkenntnissen, Perspektiven und Wertvorstellungen. Das gilt auch für die Kunstwerke, die permanent neu von der Perspektive der Gegenwart bzw. Zukunft interpretiert bzw. reflektiert werden. Das heißt, dass das Kunstwerk in Bezug auf seine geschichtlichen Zusammenhänge, sowie auf seine individuelle Eigenheit neu betrachtet und aktualisiert werden. Dies geschieht erstens durch die Freiheit des Subjekts (Betrachter) sowie durch die damalige Freiheit des Künstlersubjekts, indem er auf die Freiheit des Kunstobjekts eine Wichtigkeit geschenkt hat. Neu verwendete bzw. geprägte Begriffe aufgrund politischer und gesellschaftlicher Ereignisse können eine Existenz in der vorbegrifflichen Charakteristica des Kunstobjekts bereits belegt werden. Als Beispiel kann der Begriff „Transkulturalität“ erwähnt werden, der von Wolfgang Welsch wieder verwendet und philosophisch erforscht worden.

Mein Seminar *„Blickwechsel“,* das ich im Sommersemester 2024/25 an der Universität Frankfurt angeboten habe und dessen spannende Ergebnisse weiterentwickelt wurden, hat mich dazu ermutigt, einige bereits online veröffentlichte Texte zu überarbeiten und inhaltlich zu vertiefen. Kunstwerke, die gemeinhin als selbstverständlich „östlich“ oder „westlich“ eingeordnet werden, offenbaren oft transkulturelle Dimensionen und methodische Ansätze, die für die heutige transkulturelle Forschung von besonderer Relevanz sind. Bilder besitzen eine eigentümliche Aktualität und moralische Ausdruckskraft. Ob diese mit den Intentionen des Künstler-Subjekts übereinstimmen, bleibt dabei stets diskutierbar. Gerade diese Eigenschaften und Potenziale eröffnen die Möglichkeit, zur moralischen Bildung im transkulturellen Kontext beizutragen. In diesem Zusammenhang wird auch der Begriff *Postikonologie* intensiv diskutiert und verstanden als ein Denken jenseits der klassischen Ikonologie. Er bezeichnet eine reflexive Auseinandersetzung mit Kunst und ihren sich wandelnden Funktionen, Bedeutungen und Wirkweisen im historischen und kulturellen Wandel.

Die Ornamentik[3] wird, sowohl in der islamischen als auch in der westlichen Welt, als eine der umstrittensten Künste angenommen, da sich ihre Inhalte, ihre Symbole und ihre Bedeutung ständig verändert haben und ihre Geometrie als oberflächlich und dekorativ bezeichnet wurde.[4] Syrinx Hees beschreibt das islamische Ornament „als zweidimensionalen, flächenfüllenden, hierarchielosen, formnegierenden Dekor"[5] und stellt dieselbe Frage: Ist die islamische Kunst eine oberflächliche Ornamentkunst? Im Westen war beispielsweise im 19. Jahrhundert das Ornament für viele Architekten und Künstler inhaltslos, leer und überflüssig und wurde „als akzidentelle Verschönerung der substanziellen Schönheit und als Verschleierung des wahren Guten"[6] bezeichnet. Die bekannte Schrift von Adolf Loos *Ornament als Verbrechen*,[7] und Wassily Kandinskys Buch *Über das Geistige in der Kunst*[8] haben das Ornament sehr stark kritisiert. Auf der anderen Seite sind im Laufe des 20. Jahrhunderts zahlreiche Schriften entstanden, welche die Bedeutung der Ornamentik hervorheben: *Ornament ist doch kein Verbrechen* von Joseph Rykwert, *Verlust der Mitte - Tod des Ornaments* von Hans Sedlmayr sowie Markus Brüderlins Schriften, die sich mit dem Thema *Abstrakte Kunst als die Fortsetzung des Ornaments mit anderen Mitteln* beschäftigen.[9] Es gibt auch neuere Interpretationen von Mathematikern und Physikern (Peter

Lu und Paul J. Steinhardt)[10], die das islamische Ornament für ein aktuelles Thema halten.[11]

Dabei lässt sich die Frage stellen, ob die islamischen Ornamente eine Bedeutung beziehungsweise Symbolik tragen. Stellt das islamische Ornament beispielsweise eine bestimmte Weltanschauung gegenüber der Natur dar? Kann man mit der islamischen Ornamentik *ikonologisch* und *ikonographisch* umgehen? Gab es im islamischen Mittelalter bestimmte Philosophen beziehungsweise Gelehrte, die die damaligen Künstler (Handwerker, Geometer) beeinflusst haben? Des Weiteren ist das Fremde in der islamischen Ornamentik fraglich, worauf ich ebenfalls eingehen werde. Die Geometrie hat in dem vorislamischen Kulturraum und in der frühen islamischen Zeit keine Anwendung gefunden. Daher lässt sich die Frage stellen, woher die Bedeutung der geometrischen Dimension der islamischen Ornamentkunst kommt, die bis heute die islamische Kunst kennzeichnet und als eine ästhetische Selbstverständlichkeit für die islamische Kunst angesehen wird.

In diesem Zusammenhang behandelt das erste Kapitel die islamische abstrakte Ornamentik und ihre geometrische Dimension. Durch die *Zweidimensionalität* und die geometrische Dimension der islamischen Ornamentik lässt sich feststellen, dass es sich dabei um eine Haltung gegen die gegenständliche naturalistische Kunst handelt.[12] Die islamischen Wissenschaftler, Geometer und Philosophen haben versucht, die Botschaften des Korans durch eine neue ornamentale Ästhetik zu versinnbildlichen. Robert Irwin schreibt: „Die muslimische Furcht vor Statuen als Gegenständen der Verehrung heidnischer Götter führte zur Furcht vor Statuen als Gegenstände magischer Praktiken. Insbesondere die Chaläer und Nabatäer aus Syrien und dem Irak, so glaubten die arabischen Eroberer, seien mit der Herstellung von Statuen und Talismanen für magische Zwecke vertraut.“[13] Die Schrift, die einen expressiven Charakter hat, wird zu einer ornamentalen geometrischen Kunst und mit dieser vermischt.

Zwischen dem islamischen ornamentalen kalligraphischen Duktus und zahlreichen Bildern von Künstlern der klassischen Moderne können Reminiszenzen nachgewiesen werden, welche auf eine Verwandtschaft und einen ästhetischen Nexus verweisen. Kandinsky und Picasso können als Neophilen und Innovatoren beschrieben werden, die zugleich traditionelle Artefakte fremder Kulturen bewunderten. Es sind sogar Beeinflussungen und Konnexe, die auf der anderen Seite fragliche Verhaltensweisen beider Künstler widerspiegeln, festzustellen. Das führt zu Phänomenen des 19. und der ersten Hälfte des 20. Jahrhunderts, in denen ‚der Orient‘ als eine zivilisierte Ebene nicht anerkannt wurde. Verschwiegene, verleugnete und doch aufgenommene kalligraphische lineare Ästhetik verweist auf das Problem des *Orientalismus* und *Primitivismus*. Reinheit und Primitivität waren die Eigenschaften gesuchter Formen, welche eine andere Wahrnehmung im Sinne der Künstler der Avantgarde veranlassen sollten. Der Blick des Betrachters sollte von der Schönheit des Idealismus und der gegenständlichen Welt gereinigt werden. Diese Orientierung der Reinheit war jedoch die Funktion der islamischen Ornamentik trotz ihrer Symbolik und religiösen Mystik. Daher sind zwiespältige Haltungen bei den Künstlern der Moderne anzunehmen, die befragt werden müssen. Diese Fragestellung ist für die heutige interkulturelle bzw. transkulturelle Diskussion sehr bedeutsam.

Die Eigenschaft der Kunst ist, dass bei der Betrachtung die Gefühle und Absichten des Künstlers empfunden und reflektiert werden können. Bereits haben die Künstler der frühen Moderne die doppeldeutige Sichtweise gegenüber dem ‚Orient' dargestellt, indem sie ihn als die Welt der Fantasie und des Exotischen und zugleich als die Welt der Bedrohung und Wildheit zeigten. Bei den Abstraktionen sind solche Kontroversen zu reflektieren, aber mit anderen bildnerischen Mitteln. Die problematischen Blickwinkel und Verschleierungen verlieren sich mit der Zeit hinter der Aura solcher Bilder. Dieses Problem ist ebenso in der islamischen Ornamentik zu finden, deren Großvater nach der Meinung des Verfassers dieses Textes Platon ist. Aus diesem Grund sind kritische Betrachtungen heute sehr wesentlich, um den Begriff der Kultur zu reflektieren, die reinen Vorstellungen von ihren Selbstverständlichkeiten abzulösen und verschleierte interkulturelle bzw. transkulturelle Perspektiven zu entschleiern.

Die islamische Ornamentik und ihr platonischer Einfluss

Das Beispiel aus Marokko (Abb. 1) aus dem 14. Jahrhundert zeigt keine naturalistischen Darstellungen wie Konturen, Oberflächen oder Perspektiven, sondern einen Komplex verschiedener Ornamentarten, darunter geometrische, vegetabile und *epigraphische* Motive, die sich in unterschiedlichen Stilformen wiederholen und ausdrücken. Im oberen Bereich vermischen sich die kalligrafischen, linearen Gestaltungselemente mit den anderen ornamentalen Motiven, sodass sie kaum noch lesbar sind. Im mittleren Wandbereich ist eine andere Schriftart zu erkennen, die zusätzlich mit pflanzlichen Motiven verziert ist. Obwohl die Schrift, wie zum Beispiel der *Kufi-Duktus*[14], durch ihre expressive Schriftform und Verschmückung schwer lesbar ist, wird sie formal und symbolisch als Gottes Wort wahrgenommen.[15] Es ist eine heilige, schöne Schrift, die auf den arabischen, islamischen Betrachter schön und als religiöse Empfindung wirkt, die ihm Freude bereitet im Sinne eines übersinnlichen Glücks. Wie Alhazen in seinem Buch *Sabra* die Schönheit der Schrift beschrieb: „Die Schönheit der Schrift beruht allein auf ihrer inneren Ordnung.“[16] Aus diesem Grund gilt

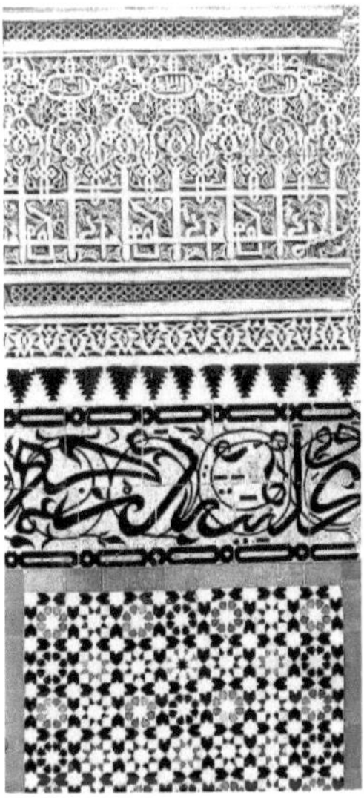

Abb. 1 Islamische Ornamentik, Wandpartie, Meknes-Marokko, 14. Jahrhundert

die islamische Kunst als eine Weiterentwicklung der Ornamentik, indem sie die Schrift mit dem Ornament kombinierte und synthetisierte und sie von sprachlichen Zusammenhängen und Funktionen trennte.[17]

Die islamische Symbolik lässt sich durch die zentralen Aussagen und Schriften des Islam erklären. Dadurch erkennt man nicht nur dekorative Verzierungen, sondern auch eine symbolische Ästhetik, deren Wirkung und erhabener Eindruck selbst als symbolhaft verstanden werden können. Geometrische Strukturen, unendliche Bewegungen, Symmetrie und Schönheit tragen eine symbolische und mystische Bedeutung. Oleg Grabar und Richard Ettinghausen haben sich zu einem Stuckpaneel geäußert: „[…] in effect the whole surface of the wall is ornament. […] it is the first – and in certain ways the purest and the most severe-example of that >delight in ornamental meditation and aesthetic exercise< which has been called the arabesque."[18]

Kalligraphie

Die arabische Sprache wurde mit ihrer langen vorislamischen Geschichte, ihrem poetischen und melodischen Potenzial sowie ihrer reichen Metaphorik zu einem zentralen Medium spirituellen Ausdrucks. Aus der vorislamischen Zeit übernahm sie nicht nur die formale Struktur, sondern auch eine dichterische Aura mit besonderem Charakter – eine Sprache, die seit jeher als Sprache der Dichtung galt. Diese Eigenschaften verliehen ihr einen geistigen Reichtum, der weit über das rein Sprachliche hinausgeht. Durch die hohe Kunst der Dichtung prägte und verfeinerte die arabische Sprache maßgeblich die kulturelle Identität, Zivilisation und das Bildungsverständnis der islamischen Welt. Also wurde das ideale Bild der arabischen Kultur in der vorislamischen Zeit durch die Dichtung wahrnehmbar und metaphorisiert.[19] Das heißt, dass die einzig anerkannte Kunst des arabischen Raums die Dichtung war, welche dank der arabischen Sprache einen wesentlichen geistigen Einfluss auf den arabischen Geschmack ausübte. So hat die Sprache seit der vorislamischen Zeit ihren Wert und ihre Bedeutung beibehalten und durch ihre Melodie und ihre Potentialität eine mystische Bedeutung bekommen. Was diese Potentialität und Schönheit bestätigt hat, ist die Religion, indem diese im islamischen Glauben von Gott ausgewählt und als die Sprache des Korans gekrönt wurde, da der ‚Prophet Mohammed'[20] den Koran auf Arabisch von ‚Gabriel' erhalten und verkündigt hat. Eine geometrische und expressive kalligraphische Ästhetik gibt der islamischen Kunst eine weitere mystische Dimension. In diesem Sinne taucht die Schrift in vielen unterschiedlichen kalligraphischen Formen als *Ideographie* auf.[21]

Die Kalligraphie zeigt sich auf Grund dessen als Symbol des Wort Gottes. Sie wird mit geometrischen Welten verwoben und ist eine symbolische Darstellung, die eingerahmt und als Bild gezeigt wird. Die Ästhetik der Kalligraphie, welche im Islam des Mittelalters als die wichtigste Kunstform galt,[22] zeigt sich im mittleren Wandbereich. Die arabische Schrift dient der gesamten Ornamentik, denn sie hat eine gewisse Expressivität, welche ihr eine bestimmte Wirkung garantiert. Kalligraphie und Geometrie schweben untrennbar in dem ornamentalen Kosmos, und es herrscht eine permanente Bewegung in der gesamten ornamentalen Ordnung. Es ist dementsprechend anzunehmen, dass die islamische, ornamentale kalligraphische Kunst eine ganz außergewöhnliche Motivintegration und Verflechtung hervorgebracht hat, sodass trotz ihrer abstrakten Betonung dadurch die Spiritualität der islamischen Welt ausgedrückt werden konnte. So spricht Hamann von „diesem Irrgarten verschlungener Fäden eines dichten, ewig wechselnden, immer wieder ausweichenden und doch in ein Gesetz und schönste Flächenproportion gebändigten Ornaments."[23] Die göttliche Schönheit stellt sich zudem durch die heilige Schrift beziehungsweise die Schönheit der Kalligraphie her. Die expressive kalligraphische lineare Bewegung wird nach Nahid Kirmani als ein ästhetischer Gottesbeweis gesehen, in dem die außergewöhnliche Schönheit der Schrift Gottes nachweisbar wird. Die arabische Schrift symbolisiert also nicht nur durch den Inhalt, sondern auch *ideographisch* durch die Schriftform und die Erhabenheit ihrer Erscheinung Gottes Wort.[24]

Geometrische Welten

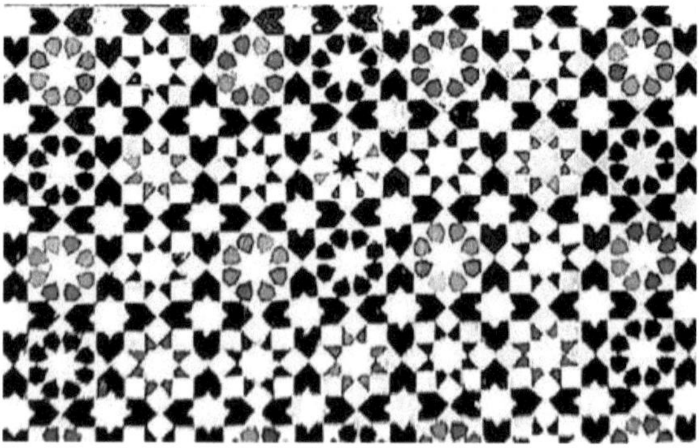

Abb. 2: Eine Kombination von Sternmotiven, ein Auschnitt von (Abb. 1)

Um daher über die Form dieser ornamentalen Kunst zu sprechen, muss zuerst mit der geometrischen Dimension dieser Kunst und ihrer philosophischen Geschichte begonnen werden. Im unteren Bereich der Wand, in der Abbildung 1 oben, sind andere ornamentale Elemente und Motive zu sehen, die den gesamten Bereich überdecken und schmuckhaft wirken. Die gesamte Ornamentik befindet sich in einer unaufhörlichen Veränderung und in einer permanenten Geburt von abgeleiteten Musterformen. Der untere Bereich zeigt zum Beispiel eine gewisse Kraft, welche vom Hintergrund zum Betrachter kommt. Er erinnert an das Licht oder an ein permanentes vegetabiles Herauswachsen. Der mittlere Bereich hat eine andere Bewegung, die die Dynamik und die expressive Bewegung einer weiteren arabischen Schriftart zeigt. Sie bewegt sich von rechts nach links. Durch ihre Motive ist eine lebendige Kreisbewegung von links nach rechts entstanden. Diese permanente Bewegung verleiht den Wandflächen eine unendliche Bewegung. Der obere Bereich wird mit einer anderen Technik durchgeführt. Diese Technik verschmilzt die Architektur so mit der Ornamentik, dass die Materialität der Wände visuell überwunden und dadurch eine neue, metaphysische Dimension eröffnet wird. Zwischen den drei Hauptbereichen sind noch weitere ornamentale Bereiche zu sehen. Einige Inschriften sind zu lesen, die Gottes Namen-Eigenschaften[25] bedeuten Im unteren Bereich (Abb. 2) ist das beliebte Sternmotiv zu sehen, das in der islamischen Kunst des Mittelalters häufig verwendet wurde. In diesem Bereich finden sich unterschiedliche Formkombinationen und geometrische Konstruktionen, darunter vier- und achtzackige Sterne, die mit weiteren geometrischen Elementen kombiniert sind. Diese Muster werden mithilfe von Zirkel und Lineal konstruiert – eine Methode, die als Lösung für klassische Probleme der euklidischen Geometrie galt.[26] An diesem Beispiel bemerkenswert ist das flächenfüllende und das unendliche Wachsen der ornamentalen Stern-Motive, die von bestimmten Treffbereichen herauswachsen und sich durch Harmonie, Ausgeglichenheit und Buntheit auszeichnen. Solche Sternmotive können mit Beispielen von der Alhambra verglichen werden. Es sind noch weitere geometrische Kombinationen und Muster zu sehen, die symmetrisch behandelt werden und die den Eindruck von Widerspiegelungen, unendlichen Wiederholungen, Intensität und Dichte sowie von einem permanenten Herauswachsen erwecken können, als ob sie dem Betrachter durch die Geometrie etwas mitteilen wollten.

Die Geometrie, die von dem altgriechischen Wort *geometria* (Erdmessung)[27] kommt, war die Erklärungssprache naturwissenschaftlicher Betrachtungen, die bei den Griechen, vor allem bei Euklid, gefunden wurden.[28] Diese naturwissenschaftliche, geometrische Sprache wurde im islamischen Mittelalter vertieft und weiterentwickelt und von zwei verschiedenen Blickwinkeln aus betrachtet: zum einen als naturwissenschaftliche Illustration und Erkenntnis und zum anderen als Ausdruck des Göttlichen, versöhnbar mit der Mathematik, der Astronomie, der Philosophie und dem Schönen. Die naturwissenschaftlichen Erkenntnisse und Gesetze haben dazu gedient, eine göttliche Symbolik zu erschaffen, welche die Blüte und die neuen Erkenntnisse der Naturwissenschaften trägt und durch sie ausgedrückt werden kann. Das ist das, was auf dem Bild zu reflektieren ist.

Die islamische geometrische Ornamentik weist historische Stämme und Entwicklungen auf, welche in den ägyptischen, griechischen und römischen ornamentalen Künsten erlebt wurden, sowie auch weitere wissenschaftliche Transformationen.[29] Beispielsweise werden die Leere, die mathematischen Zusammenhänge der Astronomie, die physikalischen Eigenschaften des Universums und die Herkunft der Materialien sowie eine übersinnliche ästhetische Dimension ornamentalisiert. Das heißt, dass die islamischen zweidimensionalen ornamentalen Flächen, Konstruktionen und Dekompositionen in einem philosophischen, religiösen und wissenschaftlichen Prozess weiterentwickelt und geometrisch transformiert wurden.[30] Die Weltwahrnehmung, die im Koran immer wieder aufgegriffen wird und die Gott spürbar macht, hat die arabischen Denkformen, sowohl die rationalen als auch die metaphysischen, im Gegensatz zu der vorislamischen Zeit wesentlich verändert. Das ist das, was in der arabischen Kunst von der griechischen Philosophie übernommen wurde,[31] zum Beispiel wurde die *Transzendentalität* der Dinge durch die geometrische Dimension symbolisiert. Die ‚Seele' wird nach Ibn Sina durch den menschlichen Intellekt befreit.[32] Also sind die Inhalte und Symbole der islamischen Ornamente nicht direkt mit der religiösen Erzählung verbunden, sondern sie tragen eine immanente philosophische, wissenschaftliche und psychologische Botschaft, die den kosmischen und materiellen Zusammenhang und die Ausgeglichenheit als göttliches Schaffen beweist.[33] Die islamisch-transzendentale Welt, welche ‚den Geist' – die „*Allseele*"[34] – der Dinge empfindbar macht, wird durch die Psychologie der Geometrie darstellbar, zum Beispiel die Freude und die Schönheitswirkung[35] in den ornamentalen Farben und Linien.

Zu dem Beispiel (Abb. 1) zurückkehrend ist eine geometrische lineare Ordnung zu erkennen, die durch die Überschneidungen, Überlagerungen und Schichtungen scheinbar ohne Anfang und Ende entsteht. Diese Ordnung herrscht im gesamten ornamentalen Kosmos, und wenn der Betrachter versucht, ihm zu folgen, verliert er die Orientierung. Symmetrie, unendlicher Rapport, Buntheit der Farben, geometrische, mathematische, kalligraphische Motive und Schnörkel sind auf eine faszinierende Wirkung als Symbol und Ausdruck hin konzipiert. Die lineare Expressivität, welche sich aus einer kalligraphischen Logik ergibt, sollte diese Wirkung zusätzlich mithilfe der Architektur vermitteln. In dieser Wirkung steckt die gesamte Symbolik der islamischen Ornamentik. So hatte und wollte das Ornament im Mittelalter die Materialität der Architektur und die der Gegenstände überwinden. Eine Unendlichkeit geometrischer und organischer Mustereinheiten bedeckt die gesamten Räume der Moscheen und Schlösser, als ob sie gegen die *Dreidimensionalität* revolutioniert und jede materielle Ablenkung verhindern soll. Hees beschreibt sie als „Loslösen von den Zwängen des Materiellen."[36] Die dritte Dimension wird im islamischen mittelalterlichen Sinne als die Dimension der Wirklichkeit (äußerliche materielle Natur) betrachtet, welche die Architektur und die Alltagsgegenstände trägt.

Vorahnung des Paradieses

Es gab ein psychologisches Bedürfnis für die Schönheit als Erscheinungsbild der Kunst im islamischen Mittelalter, welches im Ornamentalen ihren Rang fand. Die Schönheit war in der damaligen Zeit als Glanz der göttlichen Wahrheit, die sich durch die Wissenschaften nachweisen lässt, zu verstehen.[37] Die Natur wurde so betrachtet, dass sie von Gott offenbart wurde und den Namen und die Eigenschaften Gottes[38] trägt. ‚Allah' hat laut der islamischen Schriften das Ewige, das vollkommen Schöne erschaffen. Durch das Schöne sowie durch das Erhabene des Universums, durch das Geistige der Lebewesen sowie durch die Unendlichkeit des Kosmos lässt sich Gott offenbaren. Gottes Wort galt als die Wahrheit des islamischen Mittelalters. Durch die sprachlichen Bildlichkeiten im Koran wird Gott und die von ihm erschaffene ideale übersinnliche Welt Paradies (AL Jannah, Alferdaus)[39] vorstellbar und vermittelbar. Durch die Festlegung, dass Gottes Unsichtbarkeit nicht darstellbar sei, wurden – bezogen auf die gegenständliche Kunst – islamische mittelalterliche Diskussionen und Auseinandersetzungen darüber sehr vorsichtig geführt. Eine Diskussion über das Sein der Schönheit oder über die Philosophie der Kunst konnte nicht thematisiert werden, da das Schöne direkt mit Gott verbunden und Gott kein Thema war, über welches man ohne Sorge philosophieren konnte. Gegensätzliche Meinungen entstanden auch gegenüber einer göttlichen Darstellung und den Abstraktionen. Zum einen sollte die Bildsprache in der islamischen Kunst das göttliche Schöne symbolisieren, zum anderen wurde dieses symbolische Bild nicht theoretisch behandelt.

Die islamische ideale Welt hat ‚der Prophet Mohammed‘ als das Paradies beschrieben: „Kein Auge hat das schon mal gesehen, kein Ohr hat das gehört sowie kein Verstand hat das gedacht“.[40] James Dickie hat zu dem geometrischen Garten betont: „Spiegel oder eher Vorahnung des Paradieses.“[41] Bei den islamischen Ornamenten handelt es sich im Kern prinzipiell um eine übersinnliche ideale, reine und versprochene Jenseits-Welt, die laufend mit der heiligen Schrift verglichen wird, aber in anderen Maßstäben zum Ausdruck gebracht wurde. Dies wird nämlich anhand der Geometrie in einen anderen räumlichen und zeitlichen Zusammenhang gebracht. Die *Zweidimensionalität* ist eine Dimension (Geometrie), die auf die Materialität der Dinge und auf den wirklichen Schatten, die auf eine physikalische Visualität der Wirklichkeit beziehungsweise Raum und Zeit hinweisen, verzichtet hat, um dem Geist einen bestimmten Ausdruck zu verleihen und um neue, im Koran sinnlich genannte Wahrheiten auszudrücken. Das heißt, dass Ornamente ein Medium sind, dessen wesentlicher Inhalt darin besteht, ‚metaphysische Ideen' symbolisch – sowie durch die Farbigkeit und Geometrie auch eine seelische Stimmung – zu vermitteln und erleben zu lassen. Sie waren das neue Medium der Anschauung und dienten als neue Funktion der Ästhetik. Des Weiteren vermitteln sie die hervorgehobenen und verbildlichten Erkenntnisse aus Religion und Philosophie. Die Ornamente haben durch ihre sich permanent bewegenden Linien die Philosophie, den Raum, die Zeit sowie die Sehnsucht nach Glück und Ewigkeit versinnbildlicht. Die Dauerhaftigkeit und die Ewigkeit einer ornamentalen Bewegung drücken eine Philosophie des Werdens aus, die dem Unendlichen innewohnt und die Philosophie der Zeiterschaffung beinhaltet. Die geometrische Dimension wird als eine geistige Erscheinung definiert, die die Materie überwindet und die sich dem Geist annähern konnte. Eine unendliche lineare und formale Bewegung sowie seelische Jenseitsvorstellungen werden spirituell ausgedrückt, zum Beispiel paradiesische Vorstellungen und Traumwelten, die sich in zeitlosen Räumen befinden. Im Koran werden solche idealen paradiesischen Bilder folgendermaßen beschrieben: „Kreisen werden unter ihnen Schüsseln und Becher von Gold, enthaltend, was die Seelen ersehen und die Augen ergötzt."[42] „Und ewig sollt ihr darinnen verweilen."[43] Während die Ornamente durch ihre Geometrie und vegetabilen Dekompositionen sowie deren immaterielle Räumlichkeit als eine Art neuer Kulturästhetik betrachtet wurden, galt diese Geometrie seit der griechischen Philosophie als die Idee, die ewig währt.

Fremde Einflüsse

Burchard Brentjes behauptet, dass die Geometrie als Abbild des Weltwesens besonders gottesnah sei, und so herrschen im Islam, in historischer Modifikation, mathematisch konstruierte Ornamente, Bogenformen und rechteckige Hallenbauten vor.[44] Zu der islamischen abstrakten Weltanschauung gegenüber Gott hat der Autor erweitert:

„Aus der Synthese solch verschiedener spiritueller Wirkkräfte entstand eine eigenständige Weltanschauung, die im Kern dem altwestsemitischen Glauben an eine abstrakte Gottheit folgte. Sie wurde mit den Grundzügen der Philosophie Platons verbunden und fand in populären Versionen jüdischer und christlicher Erzählungen die Motive eigener Aussagen. Gott zu bekennen, ist die Ergebung in seinen Willen, verkündet durch das Wort Gottes, das im Koran formuliert ist."[45]

Der Aufschwung der islamischen Kultur hielt vom 9. bis zum 11. Jahrhundert an, ein Zeitraum, in dem der islamische Geist und die islamische Wissenschaft sich ausbreiteten und in ihren höchsten Rang gebracht wurden.[46] Das 8. und 9. Jahrhundert wurden zu der Zeit des Übersetzens der wissenschaftlichen Erkenntnisse der Nachbarkulturen, vor allem der griechischen und hellenistischen Wissenschaften.[47] Die Wissenschaften – wie Mathematik, Chemie, Philosophie, Medizin und Astronomie – erlebten ihre Blüte in Bagdad und Basra (also im heutigen Irak), da die wichtigsten Wissenschaftler des islamischen Reiches, zum Beispiel die persischen, syrischen und arabischen sowie jüdischen und christlichen Wissenschaftler, dorthin auswanderten. Sie lernten die arabische Hochsprache und vermittelten und entwickelten ihr Wissen dort weiter.[48] Durch das Übersetzen der griechischen Philosophie ins Arabische entstand im islamischen Mittelalter eine geistige Brücke zwischen dem ‚Abendland' und dem ‚Morgenland'. Das heißt, dass ‚das Geistige' des antiken Denkens sich mit den europäischen und arabischen Kulturen vereinigt und anhand der Kunst identifiziert hat.[49] Islamische religiöse Spiritualität, griechische Metaphysik, islamische Mystik und naturwissenschaftliche Beobachtungen und Vorstellungen wurden im Dienste der Schönheit von ornamentalen, göttlichen Bildern und Wissenschaften wahrgenommen. In der damaligen Hochkultur wurde übersetzt, versöhnt und vermischt. Die wichtigsten Übersetzungen waren die griechischen philosophischen Bücher, aus denen die Bedeutung der Geometrie und der Wissenschaften überhaupt stammt.[50] Al-Kawarizmi[51] (780–850 n. Chr.) beispielsweise hat seine Bücher nach Wissenschaften eingeteilt: „Ich habe mein Werk in zwei Bücher eingeteilt. Eins ist den Wissenschaften des islamischen Religionsgesetzes und den damit zusammenhängenden arabischen Wissenschaften gewidmet und das zweite den Wissenschaften, die vom Fremden wie den Griechen und anderen Nationen herrühren."[52] Die griechische Wissenschaft der Mathematik und der Philosophie hat die islamischen Gelehrten und Wissenschaftler sehr berührt, da die griechische Philosophie den metaphysischen Dimensionen des Korans entsprach und damit erklärbar war. Also ist die griechische Philosophie auf viele metaphysische Botschaften im Koran gestoßen, die vor der Übersetzung der griechischen Philosophie nicht nachvollziehbar, aber auch nicht erklärbar waren. Zum Beispiel wurde die Geometrie, deren ideale Existenz und Bedeutung von der griechischen Philosophie der Antike stammt, als göttlich angesehen.[53] Diese Philosophie der Geometrie wurde von den islamischen Wissenschaftlern anwendbar gemacht und praktiziert, sodass die islamischen Geometer die gesamte griechische Geometrie fortgesetzt haben.[54] Die Geometrie galt für die islamischen Philosophen und Wissenschaftler als die geistige Wahrheit, die über die Naturordnung herrscht, durch die Wissenschaft erkannt wird und als Grund der Vollkommenheit des Universums, das von Gott erschaffen wurde, bezeichnet wurde. Die arabischen Philosophen haben genauso wie die Griechen das Göttliche in der Geometrie gesehen, zum Beispiel hat sich Abu Nasr Al-Farabi ständig damit beschäftigt, als er ein Buch über *geistige Fertigkeiten und natürliche Geheimnisse in den Einzelheiten geometrischer Figuren* verfasste.[55] Die Relation zwischen der idealen Welt und der Geometrie wurde von der islamischen Ästhetik als ein vergleichbares Bild ausgedrückt, das der Koran permanent durch symbolische sprachliche Bildlichkeit beschrieben hat. In ihr wurde von neuen göttlichen Gedanken gesprochen, die der arabischen Halbinsel fremd waren, zum Beispiel der Wahrheit des ‚Geistes', der ‚Seele' und der ‚Materie'. Platon hielt die Erscheinungen aufgrund geometrischer Formen für eine reine Erscheinung und deren Dimension für eine moralische Dimension, zu der sich Arthur C. Danto wie folgt geäußert hat:

„Bewegte man sich einige Schritte weiter in Richtung Platonismus, wäre man versucht, die euklidische Gestalt der Welt durch Bezug auf die Formen – Kreis, Kugel, Dreieck – zu erklären, welche die Welt als reine Erscheinung durchdrungen haben und ihr das gaben, was sie an Rationalität in sich birgt. Und dies verlieh ihr darüber hinaus eine gewisse Würde, denn die geometrischen Grundfiguren hatten in der Vorstellung der Menschen eine moralische Dimension."[56]

Platons Anamnesis

„Niemand, der nicht geometrisch gesinnt ist, soll eintreten"[57] ist die Aussage, die über dem Eingang von Platons Akademie stand. Die ‚Ewigkeit' als eine symbolische Eigenschaft der Geometrie wurde bereits von Platon hervorgehoben. Platon hat die Geometrie folgendermaßen bezeichnet: „Ja dem stimme ich bereitwillig zu, Geometrie ist Kenntnis des ewig Bestehenden. Wenn dem so ist, wird sie dazu neigen, die Seele der Wahrheit entgegenzuführen und die philosophische Intelligenz nach oben zu lenken, die jetzt fälschlicherweise erdwärts gewandt ist."[58] Während Platon die Wirklichkeit den unveränderlichen ‚Urbildern' und ‚Ideen' zuordnete und die Wirklichkeit als schlechte Nachahmung solcher ‚Urbilder' der göttlichen Welt beschrieb, nahm er die Geometrie als sinnlich wahrgenommenes, ideales Bild, das dem ‚Urbild' nah kam, wahr. Diese geistige platonische Position wurde von den islamischen Philosophen geschätzt und ästhetisiert. Die ‚Ideen' der überhimmlischen Welt, in der das ‚Urbild' des Daseins existiert, haben eine ganz andere Erscheinung, die eine gewisse Vergleichbarkeit mit den geometrisch idealen Formen aufweist, welche immateriell beziehungsweise materiell unveränderlich sind. In der Geometrie sind nach Platon Grundformen, die sinnlich wahrgenommen werden können, weniger von Bedeutung. Dazu betont er:

„So, wie die Geometrie ihre beeindruckenden Erfolge dadurch erzielt, dass sie sich nur mit idealen (idealisierten)

Punkten, Linien, Dreiecken, Kreise etc. beschäftigt (und sich für die kleinen Unzulänglichkeiten der sinnlich wahrnehmbaren Punkte, Linien, Dreiecke, Kreise etc. überhaupt nicht interessiert), so soll auch die Philosophie vor allem dadurch voran gebracht werden, dass man auf eine akribische Untersuchung der sinnlich wahrnehmbaren Phänomene verzichtet und man sich stattdessen um das Erfassen der unveränderlichen idealen Objekte ‚nämlich der Ideen' bemüht."[59]

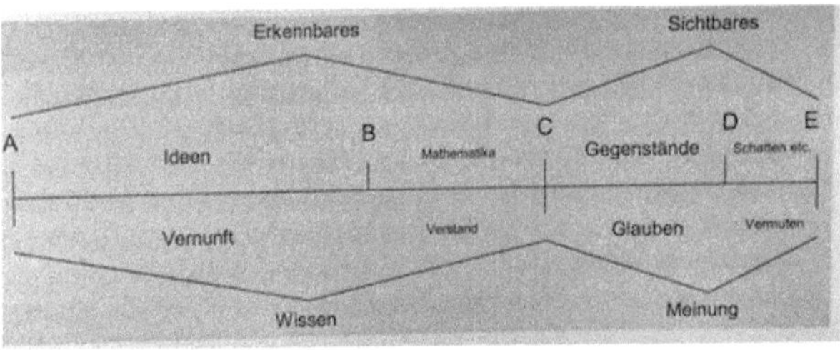

Abb. 3: Platons Anamnesis

Die Geometrie gehörte bei Platon zu der denkbaren Welt, die im Gegensatz zu der sinnlichen Welt keine wahrnehmbaren, sondern denkbare Gegenstände beschreibt. Die Geometrie als Denkform zeigt das mathematische Wissen, das viel höher ist als die sinnliche Erscheinung und das Wissen der erfahrbaren Welt (Abb. 3).[60] Die geometrischen Formen sind höher als die sinnliche Wahrnehmung und niedriger als die höchsten ‚Ideen'. Trotzdem empfand Platon die Geometrie als ideale Sprache, welche auf die sinnlichen Wahrnehmungen verzichtet und durch die Vernunft erkannt werden kann. Platon war in diesem Zusammenhang von den Pythagoräern (in Bezug auf Pythagoras, um 600 v. Chr. geboren)[61] sehr stark beeinflusst. Die Pythagoräer haben geglaubt, dass ‚die Seele' wiedergeboren werden kann, es also eine „Seelenwanderung“ gibt. Wissenschaftliche und mathematische Forschung galt für sie als Seelenheil.[62]

Platon hat die Bedeutung der Geometrie in Bezug auf den Begriff *Anamnesis*[63] (Wiedererinnerung), angeführt. Er verstand den Begriff als das Wesentliche, das dem Material oder dem Ding Innenwohnende, das so ist, dass es als anerkanntes und wiedererinnerndes Wissen zu bezeichnen ist.[64] Die *Anamnesis* von Platon lässt sich als eine „Seelenlehre“ und Erkenntnistheorie vorstellen. Die ‚Seele‘ existierte nach Platon bereits vor der menschlichen Geburt an einem überirdischen Ort, wo ‚die Seele‘ ‚die Ideen‘ als das wahre Sein angeschaut und erfahren hat. Dieses Wissen geht verloren, sobald ‚die Seele‘ eingekörpert wird, bei der Geburt. Danach wird versucht, das Wissen, welches sich in dem dinglichen Dasein in einer anderen Form als die Wirklichkeit befindet, wiederzuerinnern. Das Schöne, das, was der Mensch beispielsweise im Dasein sieht, ist nur eine Erinnerung an die Schönheit der ‚Ideen‘ der metaphysischen Welt, die von seiner ‚Seele‘ schon gesehen wurde und die mit den äußerlichen Erscheinungen der Wirklichkeit nicht zu vergleichen ist. Im Gegensatz zu der wirklichen Welt ist die übersinnliche ‚Ideenwelt‘ ewig und bildlich nur anzunähern und nicht nachzuahmen. Die ‚Seele‘ sehnt sich nach den Ideen des Guten, das sich in der göttlichen übersinnlichen Welt als eine ‚Urwelt‘ der ‚Seele‘ als Wissen vorzustellen ist. Die *Anamnesis* bezieht sich nur auf die ‚Idee‘, bleibt zwischen dem materiellen Dasein und der ‚seelischen Ideenwelt‘ handelnd und versucht, durch das dialektische Abwägen die übersinnlichen ‚Ideen‘ zu erreichen und wiederzuerlangen.[65] Aber die übersinnlichen ‚Ideen‘ können nie erreicht werden. Lediglich die Wege zu ihren Erkenntnissen können gefunden werden. Diejenigen, die von der Wirklichkeit abhängig bleiben, werden auf das niedrigste Niveau abgestuft. Ein Wesen kann nicht durch die sinnliche Erfahrung wahrgenommen werden, sondern wird durch eine Leistung des Geistes und des Denkens wiedererinnert.[66] Bäume unterscheiden sich beispielsweise durch die Farben, Oberflächen, Größen und so weiter, die nur sinnlich wahrgenommen werden, aber das Wesen ist die ‚Idee' des Baumes und wird vom Subjekt wiedererinnert. Die Philosophie Platons betreffend wird beispielsweise die ‚Idee' des Baumes von der ‚Seele' des Betrachters gespürt, da sie die Seele sich an diese ‚Idee', die körperlos und geometrieähnlich gewesen ist, durch das Wissen wiedererinnern kann. Daher wird das Sehen nur als ein sinnliches Instrument angesehen, das als ein Zugang zu dem intuitiven Wissen gilt, das direkt erkannt, aber nicht vermittelt werden kann. Dieses Wissen, das sprachlich nicht einfach ausgedrückt werden kann, hat Platon als das oberste Wissen eingestuft (Abb. 4).[67] Durch das Lernen kann der Vorgang des Wiedererkennens der Vergangenheit der ‚Seele' gefunden werden. Das heißt, dass die ‚Ideen' im platonischen Sinne nicht vermittelt werden können, sondern dass ein Zugang nur durch gewisse Wege möglich wird, wie das Lernen und die Philosophie. Der Lehrer vermittelt keine Ideenerkenntnis für die Lernenden, sondern er bezieht sich auf das Wissen, welches bereits in der ‚Seele' des Lernenden existiert.[68] Bei diesem Dialog müssen die Gesprächspartner, die sich intuitiv in ihrem Dialog einigen, in Bezug auf das Wesen des Gegenstandes die ‚Idee' an sich und nicht den sinnlich wahrnehmbaren Gegenstand bestimmen.[69] Für eine solche sinnliche Überschreitung und Befreiung kann das Philosophieren als ein zweiter Weg dienen, mit dem die Erkenntnis des Wesentlichen angestrebt werden kann und soll. Der philosophische Dialog soll sich zwischen Widerspruch und Übereinstimmung bewegen und jeder, der etwas behauptet, muss seine Behauptung begründen können. Es lässt sich also durch die Philosophie keine Ideenerkenntnis gewinnen, sondern die philosophischen Dialoge und dialektischen Erörterungen können Fragen nach dem Wesen an sich stellen und nicht das Wesen oder die ‚Idee' vermitteln, sondern die ‚Idee' taucht ganz plötzlich auf.[70]

Was den Vergleich der islamischen Ornamentik mit der platonischen *anamnestischen* Lehre ermöglicht, ist die Annahme, dass in dem Gegenstand ein weiteres Wesen existiert, das keine Ähnlichkeit mit den sinnlichen Erscheinungen hat. Diese *anamnestische* Vorstellung ist trotz der Verschiedenheit der metaphysischen Vorstellungen in der islamischen mittelalterlichen Kunst ornamental sowie in der Kunst der Moderne abstrakt wiedererschienen. Was alle Definitionen und Vorstellungen vereint, ist die Geometrie und ihre enge Verbindung zur Wissenschaft und zur Metaphysik. Genauso, wie Platon die Geometrie übergeordnet hat, wurde sie von der islamischen Ornamentik behandelt, nämlich als göttliche Wissensformen oder Wissenschaft. Platon hat die Geometrie als eine Ethik angestrebt, welche die Kunst der Antike nicht hatte, was an der islamischen Ornamentik zu sehen ist. Die islamische Religion vertrat eine Position gegen eine sinnlich-figurative Darstellung menschlicher und göttlicher Abbildungen. In diesem Zusammenhang hat Hegel zu der islamischen figurativlosen Kunst, die er mit der platonischen Position gegen die Götterdarstellungen verglichen hat, formuliert: „[…] Im ganzen hat sich der Gedanke früh schon gegen die Kunst als versinnlichende Vorstellung des Göttlichen gerichtet; bei den Juden und Mohammedanern z.B., ja selbst bei den Griechen, wie schon Platon sich stark genug gegen die Götter des Hommerus und Hesiodus opponierte."[71] Meines Erachtens sollten die Geometrie und die geometrischen Formen in der islamischen Ornamentik eine ethische Dimension widerspiegeln, indem sie sich von Gedichten und äußerlichen Abbildungen unterscheiden. Die Geometrie nähert sich nach Platon der Vernunft an, welche mehr mit der *Ideenlehre* als mit der Wirklichkeit tun hat. In diesem Sinne handelt es sich bei Platon um geometrische Formen, die eine ethische Funktion haben könnten. Platons Faszinationsaussage zur Geometrie lässt sich mit den Aussagen von vielen islamischen mittelalterlichen Gelehrten und Philosophen zu den göttlichen Bildern und Wissenschaften beziehungsweise der theoretischen Geometrie sowie mit der islamischen geistigen Vorstellung gegenüber der materiellen Welt vergleichen. Bei Al Tawhidi und weiteren islamischen Philosophen lässt sich dieser platonische Einfluss feststellen.

Das göttliche Bild **- Al Tawhidi (circa 923/30–1023)**

Die Schriften von Al Tawhidi sind die einzigen erhaltenen Schriften, welche sich philosophisch und wissenschaftlich mit dem Bild und dessen Philosophie im islamischen Mittelalter beschäftigten. Al Tawhidi kam zu der Erkenntnis, dass die Abstraktion die seelische Anwesenheit des Gegenstandes durch das Bild sichtbar und wahrnehmbar macht.[72] Er gilt als beispielhaft für all seine Zeitgenossen und nachfolgenden Vertreter der islamischen Philosophie. Wie andere auch, so versuchte er, seine Forschung vor der realen Gefahr der Beschuldigung der Blasphemie abzusichern. Er erklärte seine Worte als nicht im Gegensatz zur heiligsten aller Schriften stehend und warnte gleichzeitig vor Missbrauch oder sogar

Falschauslegung seiner Erkenntnisse.[73] Al Tawhidi hat im Gegensatz zu seinen zeitgenössischen Philosophen über das Wesen des Bildes gesprochen, welches die ornamentalen Abstraktionen betrifft. Dies gilt als islamischer mittelalterlicher Nachweis, dass das Ornament eine Beziehung zu metaphysischen philosophischen Erklärungen hat. Die Geometrie wurde ganz bewusst verwendet und für metaphysische und göttliche wissenschaftliche Kernaussagen symbolisiert.

Al Tawhidi hat über die Formen, Arten und Inhalte der Bilder geschrieben, und in seinen Schriften behandelte er „das göttliche, das rationale und das natürliche Bild. Intuitive und konstruktive, psychologische und sprachliche, einfache und heterogene, synthetische und reine, wache und traumhafte, imaginative und realistische Bilder."[74] Im Kern hat er zwischen dem rationalen und dem göttlichen Bild unterschieden. Im göttlichen Bild sah er das höchste und bedeutendste Bild, wie es auch durch ein bestimmtes Gefühl wahrgenommen, aber nicht ausgesprochen werden kann. Daher war seiner Meinung nach die Sprache nicht in der Lage, dieses Gefühl zu vermitteln oder zu beschreiben. Das göttliche Bild lässt sich nach Al Tawhidi hingegen einfach vorstellen. Es kann als einheitlich, unendlich und ewig beschrieben werden. Im Gegensatz zum natürlichen Bild wird das göttliche Bild als ein Gefühl empfunden und nicht sinnlich wahrgenommen. Seine göttlichen Merkmale werden durch dessen Wirkung anerkannt, weil es ‚Allah' in dem Dasein vertritt.[75] Al Tawhidi zufolge ist ‚Allah' unsichtbar, aber durch die Erschaffung des Universums, des Daseins und dessen Gesetzmäßigkeiten wird der Schöpfer sichtbar und wohnt jedem Material und jeder Naturform inne. Das göttliche Bild erfordert rationales Denken und wird in seiner Wirkung wahrnehmbar. Der Mensch kann es nicht nur sinnlich wahrnehmen, sondern auch durch rationales Denken beziehungsweise die Vernunft.

Der Philosoph und Gelehrte hat zwischen dem göttlichen und dem sinnlichen Bild unterschieden. Dass *das göttliche Bild* nur durch ‚Allah' inspiriert und gesehen wird, bedeutet, dass nicht jeder es wahrnehmen kann. Es ist also darstellbar, aber nicht beschreibbar. Das sinnliche Bild hingegen kann jeder entschlüsseln, sehen und beschreiben. *Das göttliche Bild* hat eine göttliche Wirkung und reflektiert das Licht des Guten. Es kann nur ohne Zweifel gespürt und mit einem großen Glauben beurteilt werden. Es verdrängt das Böse, gibt ein gewisses Vertrauen in das Schicksal und macht den Sinn des Lebens spürbar. *Das göttliche Bild* ist mächtig und trifft den Betrachter wie ein Blitz, während das sinnliche Bild das Schöne, eine Idee oder ein Gefühl vermittelt. *Das göttliche Bild* kommt plötzlich, es kann nicht gesucht und erfahren werden, aber das sinnliche ist freiwillig sichtbar und wird erfahren. *Das göttliche Bild* taucht nach Al Tawhidi so erhaben wie Sonnenlicht auf. Hingegen taucht das sinnliche, schöne Bild dort auf, wo die Wirklichkeit gesehen und reflektiert wird. Er war der Auffassung, dass *das göttliche Bild* nicht für jeden begreifbar ist. Jeder, der es zu spüren vermag, soll es bewahren, nur das sinnliche Bild nimmt jeder wahr.[76]

Der arabische Philosoph definierte das Bild folgendermaßen: „Im Bild erscheint das Ding in seinem So-Sein."[77] Weiter schreibt er: „Das Bild ist dadurch, dass das Wesentliche sichtbar werden könnte, nachdem es betrachtet und dessen Wirklichkeit überwunden wird."[78] Entsprechend dieser Definition behauptet er, dass jedem Bild ein geistiges Wesen

‚die „Allseele", das Göttliche' innewohnt, das sichtbar gemacht werden und so dem Betrachter das Göttliche vor Augen führen kann. Eine sinnliche Wahrnehmung kann nur durch eine Reflexion stattfinden, wodurch sich Subjekt und Objekt miteinander versöhnen. In dieser geistigen Versöhnung könne das abstrakte Schöne genießbar und sichtbar gemacht werden. All diese Wahrnehmung könne nur durch eine göttliche Inspiration geschehen.[79] Was als bedeutend in der arabischen mittelalterlichen Philosophie beziehungsweise bei Al Tawhidi empfunden werden kann, ist, dass er zwischen dem Schönen, dem Erhabenen und dem göttlich Wahrnehmbaren unterschieden hat, welches in der islamischen Definition von Schönheit immer noch unbekannt ist. Die Maßstäbe des Schönen hat er folgendermaßen definiert: das Schöne, die Vollkommenheit, die Symmetrie, die Harmonie, das Übersinnliche. Alles zusammen wirkt wie ein gewisses Wohlgefallen, ein Gefühl, welches mit seelischer Angenehmheit einhergeht.[80] Er hat auch zwischen zwei wahrnehmbaren Welten verglichen, die unterschiedliche Bilder und Schönheiten haben. Die Welt des Daseins, welche wechselhaft und materiell ist, versucht, eine ideale, vollkommene, himmlische Welt nachzuahmen. Metaphorisch gemeint ist die materielle Welt, also eine Welt, die eine gewisse Sehnsucht nach der göttlichen, idealen Welt verspürt. Sie versucht ständig, diese formal nachzuahmen, aber durch ihr wirkliches, materielles Sein kann sie ihr Ziel nicht erreichen.[81] Aus diesen Aussagen lässt sich ableiten, dass Al Tawhidi *das göttliche Bild* als ein ‚übersinnliches Urbild' angesehen hat, welches die sinnliche Welt überschreiten soll und in der Kunst visualisiert werden kann. Das entsprechende Beispiel dafür ist das Ornament, welches die metaphysische Vorstellung dieser Aussage zeigen kann. Die abstrakte Form des Ornaments hat zu der Wirklichkeit eine gewisse Relation, aber gleichzeitig wird in dem Ornament diese formale Relation entmaterialisiert. Dadurch wird eine andere Vollkommenheit, werden Wesens- und Schönheitsanalogien vermittelt, zum Beispiel unendliche Bewegung, Erhabenheit, Harmonie und daher Schönheit, Glück und Freude. Die Perfektheit der Natur wird von Al Tawhidi als eine Nachahmung der göttlichen Welt angesehen, aber sie bleibt unaufhörlich wechselhaft, da sie ihr Ziel nicht erreichen kann. Die abstrakte Welt des Ornaments sind keine naturnahen Oberflächen zu erkennen, die die Wirklichkeit der Materie zeigen, sondern es gibt Al Tawhidi zufolge eine formale geistige Verbindung zwischen zwei Welten beziehungsweise zwischen der realen und der geistigen Urwelt. Die Plötzlichkeit *des göttlichen Bildes* hebt sich von der Wirklichkeit ab und wird in dem Herz des Subjekts platziert, ohne jede Beziehung zu einem realen Zustand. Es ist als ein erhabener Ausdruck zu beschreiben und darzustellen. Al Tawhidi hat weiterhin von *dem göttlichen Bild* gesprochen, welches durch eine astronomische Beobachtung sichtbar werden kann. In seinem Buch *Al Mokabasat* hat er diese unsichtbaren, *göttlichen Bilder* folgendermaßen beschrieben: „Ein Astronom kann vieles in dem beobachteten Himmel und im Gestirn überfliegen oder nicht sehen oder sogar vieles gar nicht erklären. Er sieht auch unbekannte Bewegungen, Überschneidungen, geometrische Formen und bildliche Umbeugungen von Bildern. Diese unbekannten, geheimnisvollen Dinge existieren, damit sie das Subjekt zu dem Göttlichen führen können."[82] Auffällig ist, dass diese kosmische Beschreibung auf das Ornament übertragen wurde. Die islamischen Ornamente sind nicht ohne die physikalische Imagination und göttliche Symbolik zu beschreiben. Die Linien, die sich in einer permanenten Bewegung befinden sowie in unsichtbaren Wegen verlaufen und sich überschneiden, sind als Symbole dieser kosmischen Laufbahn zu sehen.

Anhand der Aussagen von Al Tawhidi lässt sich erkennen, dass das unsichtbare Bild als „abstraktes Bild" bei ihm eine wesentliche Anerkennung genießt. Diese Bilder müssen nach ihm durch eine wissenschaftliche und fantasievolle Beobachtung wahrgenommen werden. Interessanterweise hat Al Tawhidi in vielen Aussagen das Bild mit der Kunst verbunden. Seine außergewöhnliche Definition des Bildes erklärt das Wesentliche des Bildes. Wenn er in seinem Buch *Al Hawamel wal Shawamel* nochmal von dem idealen Bild spricht und dieses beschreibt, entspricht seine Aussage dem platonischen idealistischen Bild. Al Tawhidi kritisiert eine Naturnachahmung, welche aufgrund von schönen Maßen der Wirklichkeit immer treu bleibt. Er hat ein Beispiel genannt, in dem der Bildhauer als Handwerker beschrieben wird. Der Bildhauer freue sich normalerweise, wenn seine Skulptur die Realität imitiere, und seine Freude begründe er damit, dass durch die Vergleichbarkeit mit der Realität das Objekt von dem Betrachter mehr Empathie erfahre. Normalerweise werde das Schöne empfunden, wenn die Dinge in der Wirklichkeit eine gewisse Harmonie und Symmetrie et cetera hätten. Aber wenn das Subjekt sich nach der Wirklichkeit sehne, dann sei das von ihm keine richtige Entscheidung, denn man könne sich von der Materie abhängig machen und werde mit dem Geist des Gegenstandes nicht versöhnt. Das sei ein großer Fehler, den das Subjekt begehen könne. Die Wirklichkeit, meinte Al Tawhidi, könne mit dem Subjekt nie verbunden werden, weil man die Gegenstände nicht empfinde, sondern sie von der wirklichen Erscheinung abhängig mache. Nur durch das abstrakte Bild, auch als „geistiges Bild“ auffassbar, könne das Subjekt mit dem Ding versöhnt werden. Körper und Körper könnten nicht vereint werden, sondern nur Körper und Geist. Mit dem „abstrakten Bild“ werde der Geist auf ein ideales Niveau gehoben und zu einer seelischen Freude gebracht.[83] Er hat außerdem die Wirkung einer geistigen Wahrnehmung des (Bild-)Gegenstandes beschrieben, welche in die göttliche ideale Welt führen könne. Das sei die psychologische Wirkung des Ornaments, die man durch eine schöne, harmonische Ornamentik ausüben könne.

Geometrie als göttliche Wissenschaft

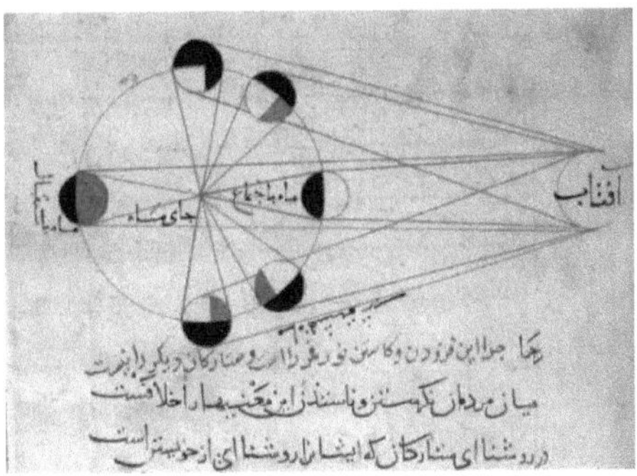

Abb. 4: Mondfinsternis nach AL-Biruni, 11. Jahrhundert

Diese enge Verbindung zwischen dem Koran und der Wissenschaft ist untrennbar. Gottes Wort war für die islamischen Wissenschaftler das Geheimnis, welches in der Wirklichkeit entziffert werden konnte. Die Macht und die Erhabenheit Gottes ließen sich so entdecken und beweisen. Die erhabene Metaphorik im Koran, zum Beispiel wie sich Gott beschrieben hat, war die Richtung des rationalen und metaphysischen Denkens der islamischen Wissenschaftler. Im Koran hat sich ‚Allah‘ als „das Licht der Himmel und der Erde“[84] sowie metaphorisch als „Licht über Licht“[85] beschrieben. Daher gilt das Wirken des Lichtes als Symbol für die Vernunft, die in der Lage ist, zu beweisen, dass Gott existiert. Diese Naturelemente wurden von den islamischen Gelehrten und Wissenschaftlern weiter erforscht, um die göttlichen Geheimnisse solcher Elemente zu entdecken und gleichzeitig das Göttliche durch die wissenschaftlichen Betrachtungen (Abb. 4) zu beweisen.

Weitere im Koran erzählte und beschriebene Naturereignisse und –gesetze können mit der ornamentalen Ästhetik und ihre Symbolik verbunden werden:

„In der Schöpfung der Himmel und der Erde und dem einander Nachfolgen der Nacht und der Tageszeit und dem Schiff, das im Meer schwimmt mit dem, was den Menschen nützt, und dem, was ‚Allah‘ vom Himmel herabgesandt hat an Wasser, und mit dem Er die Erde lebendig macht nach ihrem Sterben und auf ihr von allem Getier verbreitet hat, und dem Wechseln der Winde und den Wolken, dienstbar gemacht zwischen dem Himmel und der Erde, sind ja bestimmt Zeichen für Leute, die Verstand haben.”[86] Und weiter wird noch im Koran offenbart: „Und auf der Erde gibt es für die jenigen, die überzeugt sind, Zeichen (von Allah) und in euch selber. Wollt ihr denn nicht sehen?“ sowie „Er ist es, Der die Nacht und den Tag erschuf und die Sonne und den Mond. Sie schweben ein jedes (Gestirn) auf seiner Laufbahn".[87]

Im Koran werden unsichtbare geometrische Linien (Laufbahnen) genannt, und solche Linien und Gesetze (Abb. 2) werden im Ornament visualisiert. Die Gestirne, die sich in einer festen Ordnung und an Stationen befinden, haben andere Funktionen, wie beispielsweise als Himmelsschmuck zu dienen. Es finden sich im Koran noch weitere ästhetische und wissenschaftliche Hinweise: „Er ist es, der die Sonne als erhellendes Licht gemacht hat und den Mond als Leuchte, und Er hat für ihn Stationen bemessen, damit ihr die Zahl der Jahre kennt und die Berechnung".[88] Durch diese in ein Bild transformierten Inhalte religiöser Texte wurde auch eine göttliche Botschaft vermittelt. Die Texte haben den damaligen Menschen Naturgeheimnisse offenbart. Eine wissenschaftliche Weltanschauung blieb von der vorislamischen Tradition unbeachtet, und die dichterische Kunst hat sich kaum damit beschäftigt. Die Wissenschaft, welche den Verstand des Menschen braucht, wird Gott offenbaren und seine Existenz beweisen. Die Texte eröffnen viele andere wissenschaftliche Wahrheiten, wie zum Beispiel die unsichtbaren Wege, in denen die Galaxien verlaufen, und die Geometrie als eine Wissenschaft, die die Harmonie und das Gleichgewicht des Kosmos dank ‚Allah' ausdrückt. Das heißt, die islamische Ornamentik gilt als eine mittelalterliche wissenschaftliche Vorstellung, die Gott offenbart. Gott ist unsichtbar und wird nur durch seine Schöpfungen wahrnehmbar. Diese Verfremdung islamisch-ornamentaler Kunst zeigt auch einen wissenschaftlich-metaphysischen Sinn, der die Logik der Natur beschreibt und widerspiegelt, den die ‚Seele' in sich hat und die Materie bewegt und verwandelt. Gottes Geschöpf wird in dem geometrischen, ornamentalen Kosmos abstrakt ausgedrückt, um die ewige Anwesenheit von ‚Allah' in Raum und Zeit zu symbolisieren.

Al Farabi hat sich mit der Philosophie der Schönheit und der Geometrie anders als seine Zeitgenossen auseinandergesetzt, indem er dem schönen Bild und der Geometrie eine gewisse Eigenständigkeit gab. Nur das vernünftige Subjekt sei in der Lage, die göttliche Schönheit sowie die „Allseele" der Dinge zu empfinden. Er hat zwischen theoretischer und praktischer Geometrie unterschieden, die er in seinem Buch *der Metaphysik* als *eine göttliche Wissenschaft* bezeichnet und sich wie folgt dazu geäußert hat:

„Nun über die Geometrie. Das, was unter diesem Namen verstanden wird, betrifft zwei Bereiche: die angewandte Geometrie und die theoretische Geometrie. Die angewandte Geometrie erforscht die Linien und die Flächen an einem hölzernen Körper, wenn der, der sie anwendet, Zimmermann ist [...]. Die theoretische Geometrie erforscht die Linien, die Flächen und Körper nur absolut und in Hinsicht auf die Art und Weise, die allen Flächen und Körpern gemeinsam ist. Er (d.h. der Geometer) stellt sich in seiner Seele die Linien in allgemeiner Weise vor, ohne sich darum zu kümmern, [...] in welcher Materie und in welchem sinnlich wahrnehmbaren Gegenstand sie sich finden, vielmehr absolut, [...] z. B. Punkte, Winkel und anderes, und sie erforscht die proportionalen und nicht proportionalen (Größen) sowie das, was von diesen gegeben und was nicht gegeben ist, die kommensurablen und inkommensurablen, die rationalen und irrationalen [...]".[89]

Al Farabi bezeichnet in einem Kapitel seines Buches *Über die Metaphysik*[90] die Geometrie zusammen mit der Logik und Arithmetik neben der Metaphysik als *göttliche Wissenschaften.*[91] Diese *göttlichen Wissenschaften* haben seiner

Meinung nach Prinzipien und können durch bestimmte Eigenschaften in dem Objekt das Göttliche beweisen: „Z.B. die Meinung dessen, der glaubte, dass der Punkt, die Eins, die Linie und die Fläche Substanzen und Getrennte seien, sowie Meinungen, die diesen in Hinsicht auf Prinzipien der übrigen Wissenschaften ähnlich sind, sie widerlegt diese und weist nach, dass diese unzutreffend sind.“[92] Nach Al Farabi können *die göttlichen Wissenschaften* Folgendes erklären: „[…] dass das, das diese Eigenschaften hat, jenes ist, von dem man glauben muß, dass es Gott ist, dessen Ruhm erhaben ist.“[93] Entsprechend seiner Zuordnung der Wissenschaften als mathematische und göttliche scheint sein Ideal das eines ausgeglichenen Charakters zu sein, welcher den Reichtum der Materie und der Wissenschaften sowie die metaphysische Dimension in sich vereinigt. Dies sollte nach Al Farabi im Leben praktiziert werden. Durch die Naturwissenschaften und ihre geistige Dimension als göttliche Erhabenheit könne man die Vernunft erreichen, aus der das Gute herauskommen und erreichbar werden könne. Das Ziel des menschlichen Lebens konnte also nur durch das Gute verwirklicht werden, indem verschiedene Wissenschaften gelernt werden sollten, und diese seien die Mathematik, Optik, Astronomie, die Lehre von den Gewichten und die Naturwissenschaften sowie die Metaphysik und die praktische Philosophie.[94] Al Farabi erwähnte die Fähigkeit des Menschen, dass der Mensch durch seine Vernunft das Wirken des erhabenen Göttlichen wahrnehmen kann. Er erkannte weiterhin die Geometrie im Universum als göttliche Ordnung. Außerdem beschrieb er, dass die Form des Intellekts als eine von der Wirklichkeit unabhängige Form gilt: „Die Form gelangt zum Intellect und zwar allein ohne die Umkleidung vom Stoff und nicht von dem

Zustand, wie sie aussen vorhanden war, sondern in einem anderen; auch allein für sich […].“[95] Al Farabi spricht von einer Trennung zwischen Geist und äußerlicher Materie in der Natur. Die Materie ist irdisch, und die „Allseele“ gilt als Form, die himmlische abstrakte Eigenschaften hat, welche durch eine geometrische wissenschaftliche Ordnung nachzuweisen ist. Die geometrische Bewegung ist als eine Zusammensetzung, Zusammenfügung, Formbildung, Gestaltung sowie als eine geistige entmaterialisierte Weltbewegung zu betrachten.[96] Die Vollkommenheit der universalen Ordnung und Harmonie wird durch eine Art Verflechtung der Linien in einer gewissen ornamentalen Fantasie ausgedrückt. So werden beispielsweise die Querungen der Linien sowie die Feinheiten und Grobheiten ihrer Maße mit den unsichtbaren seelischen Zusammensetzungen der kosmischen Ordnungen in Zusammenhang gebracht, die zu dem Göttlichen führen können. Es ist oft eine Quelle zu sehen, aus der und in die die Linien mit anderen geometrischen Formen heraus- und hineinfließen. Das Gute, das Schöne und das Wahre (Wissenschaft) sollten durch das Ornamentale ausgedrückt und versinnlicht werden.

Zusammenfassung

In der islamischen Ornamentik des Mittelalters wurde das Mittel gesehen, die Eigenschaften Gottes auszudrücken. Die verschiedenen ornamentalen Proportionen und Techniken sowie die gesamten ornamentalen Mischungen werden zu einem spirituellen Ereignis, welches zu einer göttlichen Offenbarung tendiert. Die ornamentale Symbolik wird durch das Wirken des Ganzen bestimmt und ist vieldimensional. Dadurch werden ein *transzendentaler* Horizont und ein islamisches mittelalterliches Weltbild versinnbildlicht. Es wurde weiterhin eine mystische Vereinigung mit dem Göttlichen angestrebt. Nicht die wirkliche Natur wurde nachgeahmt, sondern das übersinnlich Göttliche, das in den heiligen Schriften beschrieben und anhand der gesamten ornamentalen Geometrie und Kalligraphie ausgedrückt wurde.

Der Betrachter wird nicht mit einem individuellen künstlerischen Ausdruck konfrontiert. Auch das Spiel mit der immer subjektiven Wahrnehmung wird nicht thematisiert. Vielmehr geht es um eine abstrakte, philosophisch-wissenschaftlich fundierte *Metaphysik*, welche eine islamische Weltanschauung widerspiegeln soll, die sich von Spanien bis Ägypten, Damaskus und Persien ähnlich darstellte und durch theologische, philosophische, literarische und wissenschaftliche Autoritäten bestimmt wurde.

Das göttliche Bild, das Al Tawhidi vor dem realen Bild hervorgestuft hat, beschreibt die 99 schönsten Namen Gottes und seine Eigenschaften. Einige Namen sind komplementär.[97] Sie können nebeneinander als ergänzend verstanden[98] und gleichzeitig anhand der Geometrie und *epigraphischen* (kalligraphischen) Verflechtungen und durch die Architektur ausgedrückt werden. Also werden sie entweder als Aufschriften und Kalligraphien geschrieben oder durch den Ausdruck symbolisch angedeutet, wie zum Beispiel der Erhabene, der Friedliche und Mächtige, der Arme und Reiche. Über den Zusammenhang zwischen den Namen Gottes und der Ornamentik ist folgendes Wichtige zu nennen: ‚Der Beherrscher, der das ganze Universum unter seiner Kontrolle hält', ‚der Verleiher der Sicherheit', ‚der Stolze, der auf sein vollkommenes Werk stolz ist', ‚der Allmächtige, von dem alle Macht angeht, der Hohe‘, ‚der Erhabene‘, ‚der Mächtige‘, ‚der einzige und absolute Herrscher‘, ‚der Gerechte‘, ‚der Berechnende‘, ‚der Schöpfer‘, ‚der Former, der allen Dingen ihr Sein verliehen hat‘, ‚der Urheber‘, ‚der Allwissende‘, ‚der alles Umfassende‘, ‚der Erste ohne Beginn‘, ‚der Letzte ohne Ende‘, ‚der Wohltäter‘, ‚der ewig Bleibende‘, ‚der Schöpfer‘, ‚das Licht‘, ‚der Verborgene, den niemand wirklich begreifen kann, denn er ist absolut anders als alles, was wir uns vorstellen können‘, ‚der Lebende‘, ‚der Wahrhaftige‘, ‚der Liebevolle‘, ‚der Gütige und Feinfühlige, und der, in dessen Hand der Tod ist‘, ‚der Erschaffer, der alles aus dem Nichts erschuf und der jedem Ding seine Form und Gestalt gibt‘, ‚der Beschützer‘ und ‚Bewacher‘, ‚der Erhabene und Große‘, ‚der Schöpfer des Neuen‘ und so weiter.‘[99]Vielen von den schönen Namen Gottes muten menschliche Eigenschaften an und sie haben einen starken Bezug zum Alltagsleben. Aber das Gefühl und das Wirken, das die mittelalterliche islamische Ornamentik bei dem Betrachter hinterlassen sollte, erschien als eine Zusammenballung vieler Eigenschaften in einem Augenblick, in dem die Ganzheitlichkeit empfunden und reflektiert werden sollte. Dieses symbolisch Vieldeutige sollte *das göttliche Bild* beschreiben. Ein spiritueller Zustand, der durch das Gebet gesucht wird. All diese göttlichen Eigenschaften, die anhand der Geometrie und Kalligraphie ausgedrückt werden sollten, lassen sich (im Sinne von Al Tawhidi und Al Farabi) durch die Vernunft und den Glauben im gesamten Universum erahnen. Diese göttlichen Eigenschaften, die im ornamentalen Kosmos empfunden werden sollten, sollten vom Betrachter als eine Art „Vorahnung des paradiesischen“ ewigen schönen Lebens wahrgenommen werden, das laut den islamischen heiligen

Schriften nur durch das Gute erreicht werden konnte. In Hinblick auf diesen Zusammenhang vertrete ich folglich die These, dass die islamische Ornamentik eine Symbolik hat, in der sich die gesamte islamische wissenschaftliche Blüte, ihre mystische *sufistische* Tradition, ihre Geistesgeschichte und ihre fremden Bezüge widerspiegeln. Diese Auseinandersetzung mit der islamischen Ornamentik ist nach meinem Erachten ein treffliches Beispiel für kulturelle Verflechtungen und kann ebenso als Material für die heutige transkulturelle Diskussion wahrgenommen werden.[100]

Die Künstler der Avantgarde und islamische Ornamentik

Die Künstler der klassischen Moderne, darunter Pablo Picasso, Wassily Kandinsky und Paul Klee, gelten nicht nur im Westen, sondern auch im sogenannten ‚Orient' als hochangesehene und einflussreiche Persönlichkeiten. Dennoch lassen sich bei ihnen ambivalente Haltungen gegenüber ‚orientalischen' Artefakten erkennen. Solche Werke wurden von ihnen teils als fremdartige, vermeintlich primitive Kunstformen bagatellisiert oder sogar als ‚Nicht-Kunst' abgewertet – als zufällig, leer oder bedeutungslos. Gleichzeitig jedoch waren sie von der formalen Reinheit, dem abstrakten Charakter und der ornamentalen Ästhetik dieser Artefakte fasziniert. Diese widersprüchlichen Urteile über das ‚Fremde' sind sowohl unmittelbar in ihren Werken als auch mittelbar in ihren theoretischen Schriften und Äußerungen nachvollziehbar. Die Künstler waren auf der Suche nach ähnlichen geometrischen Bild-Szenarien, die von ihnen als innovativ und ursprünglich empfunden wurden. Dieses Streben nach dem Neuen kann bei ihnen als eine „ästhetische Neophilie"[101] diagnostiziert werden, insofern es sich dabei um eine „Traditionsphobie" handeln sollte. Auf der anderen Seite haben außerwestliche Kunstformen und Ideen zugunsten ihrer neuen künstlerischen Errungenschaften und Innovationen eine wichtige Rolle gespielt, indem sie von ihnen vereinnahmt, umgeschrieben und als Resultat ihrer eigenen Methodik vorgestellt wurden. Das heißt, dass solche Bezugnahmen nicht als aufgenommene Erzeugnisse betrachtet und als Bereicherungen ihrer Kunst anerkannt, sondern als eine Art ihrer eigenen Bildfindung geklärt und vorgestellt wurden. Ende des

19. und Anfang des 20. Jahrhunderts hatte das westliche Subjekt durch den Aufbruch der Industrie ein Bedrohungsgefühl und befand sich in einer existenziellen Krise.[102] Desgleichen wurde religiöse Metaphysik und ihre in der Kunst ausgedrückte Symbolik tabuisiert und hingegen haben die Künstler der Avantgarde ihr Surrogat in der Natur und bei den „Naturvölkern“ gesucht. Diese Skepsis lässt sich schon bei den Künstlern des Jugendstils vorfinden, indem sie die Religiosität der Ornamentik verneint und sie daher auf die Natur gebracht haben. Aufgrund der Tabus der Moderne sind nahöstliche Artefakte als außerkünstlerisch und deren metaphysische Ausdrucksweisen und Ideen als rückständig betrachtet worden. Gleichzeitig ist die Abstraktheit sowohl bei den Künstlern der klassischen Moderne als auch bei der islamischen Ornamentik als eine Reinigung des Blicks vom Reiz der Wirklichkeit zu verstehen. Beide sind zweidimensional, schattenlos und interessieren sich für innere Bilder und übersinnliche Ideen. Es ist daher zu fragen, ob die Künstler der klassischen Moderne auf die alten Traditionen und auf die Vergangenheit in der Tat verzichten konnten bzw. ob sie doch die metaphysischen Ideen, die Einfachheit und Eigenschaften traditioneller außerwestlicher Erzeugnisse übernahmen und verschleierten. In diesem Sinn lassen sich solche Verhaltensweisen als Phänomene und Probleme des *„Orientalismus“* und *„Primitivismus“* verstehen.[103] Solche Phänomene basierten auf religiösen, politischen und kulturellen Krisen des 19. Jahrhunderts, die das Spannungsverhältnis zwischen ‚Orient‘ und ‚Okzident‘ beeinflusst haben.

Man sprach im 19. Jahrhundert von einer „metaphysischen Obdachlosigkeit“[104] und einer „Entzauberung der Welt“[105]. Die Rationalität des Subjekts und sein aufklärerisches Handeln sind hervorgehoben und optimiert und Religionen und Emotionalität sind vernachlässigt worden. Solche rationalen und intellektuellen Fähigkeiten sind mit der westlichen Kultur verbunden gewesen und haben dazu geführt, dass ein kolonialistisches Verhalten gegenüber dem „Anderen" einerseits legitimiert war. Andererseits galt diese Form der Kolonialisierung ‚orientalischer' und afrikanischer Kulturen für die Künstler als romantische Zufluchtswelt, nachdem der westeuropäische Mensch des 19. Jahrhunderts durch das aufklärerische Denken der Industrialisierung und von einer Elektrifizierung schockiert war.[106] Diese gesamt neuen, verblüffenden Erscheinungen haben das Subjekt psychologisch überfordert, indem sie zu einer Entfremdung der Natur tendierten.[107] Sie können als Folgen und Phänomene beschrieben werden, welche Identitätskrisen bei den Künstlern der klassischen Moderne erzeugt haben und sich zugleich in den Werken der Künstler widerspiegeln.[108] Die vorliegende Arbeit befragt die Umgehensweise der Künstler der Moderne mit außereuropäischen Erzeugnissen und Kulturformen und richtet sich auf eine Ebene der Bildanalyse, die in den Werken der Künstler der klassischen Moderne transkulturelle Dimensionen reflektiert. Ihre zwiespältigen Haltungen erregen die Frage, ob Kandinsky und Picasso ihre kalligraphischen Vereinnahmungen, Bezüge und Einflüsse verschleiert hätten. Diese Frage lässt sich von der nächsten Frage nicht trennen, wie die Künstler und ihre Generation die nahöstliche Kultur wahrgenommen haben. Die kritische Reflexion wird an dieser Stelle als eine konzipierte kulturelle Gerechtigkeit betrachtet, wodurch „fremde", interkulturelle Dimensionen in der westlichen Kunstgeschichte gleichberechtigt behandelt werden sollen. Insbesondere werden die Unterschiede und Ähnlichkeiten zwischen den künstlerischen Haltungen Picassos und Kandinskys in dieser Arbeit untersucht. Damit sollen zweidimensionale Ausdrucksmittel der verschiedenen abstrakten Bildsprachen und ästhetischen Entwürfe, die auf Schriftduktus und Erzeugnisse der islamischen ornamentalen Kunst verweisen, befragt werden. In der vorliegenden Arbeit wird kritisch diskutiert, inwiefern zahlreiche Kunstwerke der beiden Künstler mit der islamischen ornamentalen Kunst und daher mit den Begriffen „Interkulturalität" und „Transkulturalität" zu tun haben. Autoren wie M. Brüderlin, H. Belting und C. Hattendorff haben den Verfasser dieser Arbeit inspiriert und werden insbesondere als zentrale Quellen herangezogen, um neue Perspektiven auf die westliche und östliche Kunstgeschichte zu eröffnen. Eine transkulturelle Reflexion spielt dabei eine entscheidende Rolle für die heutige transkulturelle Bildung des Subjekts. Mit anderen Worten: Die Entdeckung neuer transkultureller Sichtweisen in der westlich geprägten Kunstgeschichte kann den Blick auf außerwestliche Kulturen nachhaltig verändern, indem fremde Bezugssysteme nicht nur erkannt, sondern gleichwertig eingeordnet und somit als integraler Bestandteil des ‚Eigenen' wahrgenommen werden.

Beispiel Picasso

Picasso war dafür bekannt, dass er auf der Suche nach Innovationen war, welche er in den außerwestlichen Artefakten gefunden und für seine eigenen Werke aufgenommen hat. Meistens sind die afrikanischen Masken, die seine weiblichen Gestalten in vielen seiner Bilder zeigen, zu erwähnen, von denen er sich beeinflussen ließ.[109]

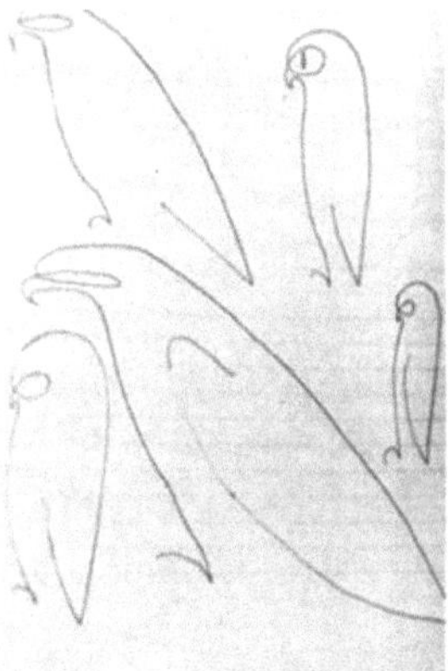

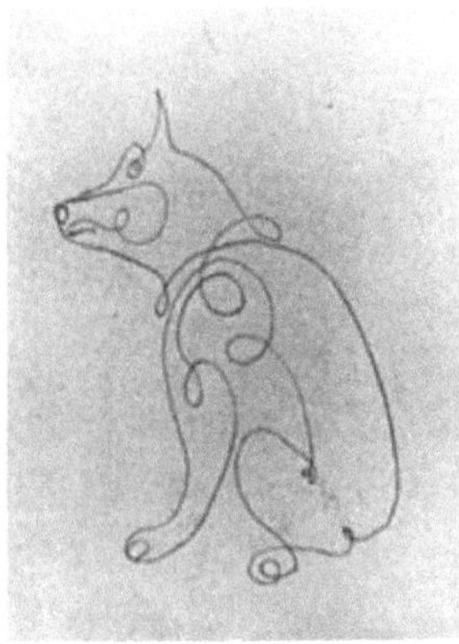

(Abb. 5): Picasso, Studienblatt Adler und Eulen, 1907, Tusche auf Papier, 22 x 17.6 cm

(Abb. 6): Picasso, Hund, Zeichnung, 1918, Bleistift, 12.8 x 11.1 cm

Weitere mögliche Einflüsse sind, nach Erachten des Verfassers der vorliegenden Arbeit, in der islamischen Kalligraphie zu identifizieren. Der reine, einfache Charakter der Kalligraphie hat Picasso sehr fasziniert. Picasso sagte: „Wenn ich gewusst hätte, dass es so etwas wie die islamische Kalligraphie gibt, hätte ich nie zu malen begonnen".[110] Picassos Aussagen waren für die Kritiker oftmals irritierend, insofern er versucht hat, solche Vereinnahmungen zu verschweigen, zu verleugnen oder zu verschleiern. Picasso hat sich beispielweise nicht anders verhalten, als er nach den afrikanischen Künsten gefragt wurde und man von ihm eine unerwartete, provokante Antwort bekommen hat. So sagte Picasso: „Afrikanische Kunst? Kenne ich nicht!“.[111] Aber eine ähnliche kalligraphische lineare Durchführung lässt sich in zahlreichen Zeichnungen, Gemälden, Installationen und Skulpturen von Picasso assoziieren. Gertrude Stein erklärt: „Calligraphy as I understood it in (Picasso) had perhaps its most intense moment in the decor of Mercure. That was written, so simply written, no painting, pure calligraphy".[112] Diese Untersuchung befasst sich mit Studien von Picasso, die er zwischen 1907 und 1909 durchgeführt hat.[113] Die Zeichnungen und Studien von Picasso zeigen Vögel und Tiere (Abb. 5-7) oder bestimmte Tierformen, die nur auf eine Linie reduziert sind. Sie zeigen sich schattenlos und haben einen kalligraphieähnlichen Charakter. Obwohl die Taube bei Picasso symbolisch auftaucht, sollten die gezeichneten Motive „symbollos“ erscheinen. Solche einfachen, sparsamen Linienführungen der Formen Picassos beispielsweise zeigen klar, inwiefern kalligraphische Elemente Einfluss auf seine Malerei, Skulpturen und Zeichnungen ausgeübt haben. Picassos Zeichnungen sind mit sentimental poetischen islamischen Schriftarten, zweidimensionalen Illustrationen oder geometrischen Darstellungen von islamischen Buchmalereien vergleichbar. Es lässt sich auch auf Picassos späte Bilder, Zeichnungen und sogar Installationen erkennen, die Ähnlichkeit mit islamischen mittelalterlichen Illustrationen zeigen oder vielleicht den spontanen expressiven Charakter der kalligraphischen Linie der arabischen Schrift übernommen haben. Die Umrisslinien der weiblichen Figuren und die weiteren auf Linien reduzierten Motive bzw. die Einlinienmotive können verglichen werden. Ob Picasso islamische mittelalterliche Illustrationen gesehen hat, lässt sich nicht nachweisen. Picasso war von Delacroix und dessen Faszination vom ‚Orient' begeistert, indem er Bilder von ihm porträtiert hat. Delacroix hatte Hunderte von Skizzen von seiner Algerienreise mitgebracht, die nordafrikanische Kultur hatte ihn an die griechische Antike erinnert.[114] Es lässt sich aber annehmen, dass islamische Ornamentik, Kalligraphie, Illustrationen, Konstellationen und Buchmalereien von Wissenschaftlern und Geschichtserzählern in den spanischen und französischen Museen und damaligen Medien aufgrund der gemeinsamen islamischen und spanischen Geschichte allgemein zugänglich und sichtbar waren.[115]

Es ist im wissenschaftlichen Forschungsbereich bekannt geworden, dass Picasso Motive und Formsprachen gesucht hat, die einerseits die Beziehung mit dem Gegenstand nicht verlieren und andererseits die Idee dieses Gegenstandes ausdrücken können.[116] Seit dem Mittelalter hat sich die islamische Kunst durch die Kalligraphie und Geometrie geprägt, die den ornamentalen Kosmos erzeugten. Die Kalligraphie trat als eine eigenständige Kunst mit verschiedenen Duktusarten in Erscheinung[117].

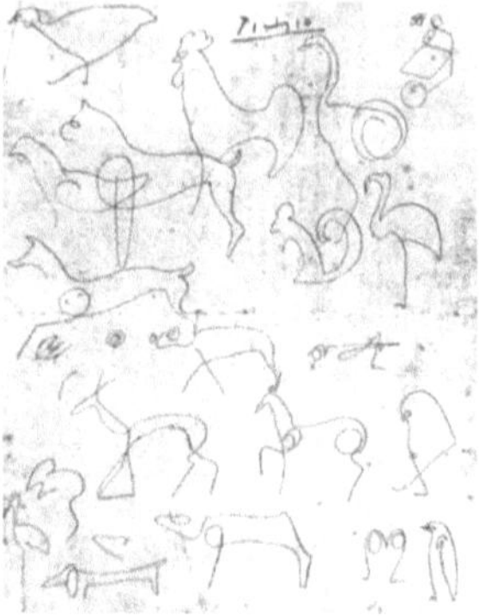

(Abb. 7) Picasso, Skizzen, 1907, Tinte auf Papier, 26 x 20,5 cm

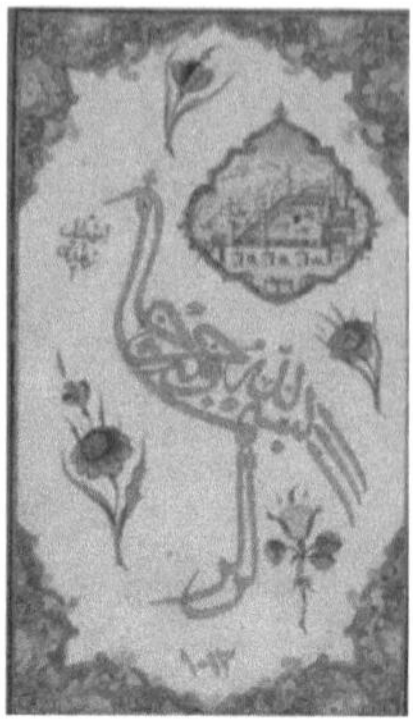

(Abb. 8) Islamische Thuluth-Schrift, basmala von Ismael Zuhdi (Ein Ausschnitt), 1798

Von diesen Schriftarten ist die Thuluth-Schrift zu erwähnen, mit der es den Kalligraphen gelungen ist, bestimmte kalligraphische Arten in Formen von Tieren und Gegenständen (z.B. Vögel, Löwen, Pflanzen, Schiffe usw.) zu entwickeln. Die Bilder zeigen beispielsweise aus dem 17. bis 19. Jahrhundert stammende kalligraphierte Tiere (Abb. 8-10). Die Kalligraphie wurde mit der arabischen Sprache durchgeführt. Die Schrift kann als Bild wahrgenommen und sollte als eine „Geometrie der Seele“ empfunden werden, obwohl solche Kalligraphien Bedeutungen und Symbole in sich tragen. Tendiert war die Schönheit und die Vollkommenheit der arabischen Schrift, welche in der islamischen Kunst Jahrhunderte als Ersatz naturalistischer und figurativer Darstellungen erschienen ist.[118] Im Gegensatz zu Picassos Zeichnungen lassen sie sich symbolisch und mit kalligraphischem Inhalt und schmuckhafter Ästhetik verstehen und wahrnehmen. Solche kalligraphischen Linienführungen lassen sich mit der von Picasso auf die Außenlinie

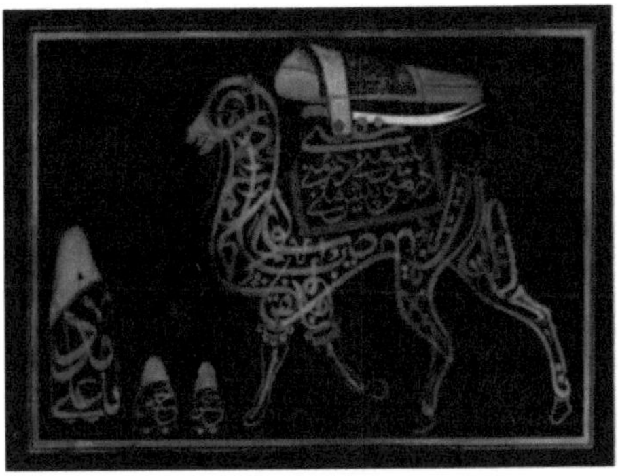

(Abb. 9) Kalligraphie, Der Kalif 'Alī driving das Kamel mit seinen Söhnen Ḥasan und Ḥusayn in Schlepptau, Türkei, 19. Jahrhundert, Tusche

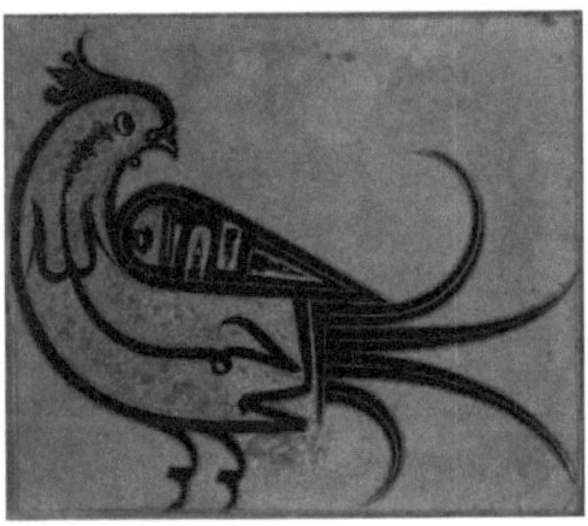

(Abb. 10) Kalligraphie in Form eines Wiedehopfes Im Namen des Barmherzigen, Unbekannt, 17. Jahrhundert, Papier, Tusche, 187 x 171 cm

reduzierten Formgebung in Bildern, Zeichnungen, Lithographien und Installationen assoziieren. Mit anderen Worten: einige Motive in Picassos Werken können durch ihren kalligraphieähnlichen Charakter mit der islamischen Kalligraphie in Verbindung gebracht werden. Formen verwandeln sich in bewegliche abstrakte, schriftähnliche Linienführungen. Sie wirken so, dass sie intuitiv und momentan gezeichnet worden sind. Fraglich ist aber, welchen Ausdruck Picasso anhand der kalligraphischen Linie vermitteln wollte und was der spanische Künstler daraus extrahiert und beibehalten hat. Dieses Abstrahierungsprinzip kann bei manchen Motiven als eine Entwicklung seiner Werke wahrgenommen werden. Beispielsweise betrachtet, wie sich das Motiv des Stiers bei Picasso weiterentwickelt hat[119], lässt sich diese lineare Ästhetik erkennen, die auf die Erscheinung des kalligraphischen Duktus verweist. Die Formen, die sich auf die Grenzlinie beschränken, können auch in Picassos weiteren Motiven seines Spätwerkes gefunden werden.

Bei der arabischen Kalligraphie hat Picasso weniger die Symbolik und die Schönheit der Schrift als vielmehr der einfache re-hieroglyphische Charakter von Schriftformen interessiert. Die Suche nach dem Ursprung war Picassos Motivation, fremde Artefakte in seine Kunst aufzunehmen. Auf Picassos Studien zurückblickend lässt sich erkennen, dass Picasso die Formen nicht nur abstrahiert, sondern auch die expressive Kraft der kalligraphischen Linienführung behalten hat. Das lässt sich an dem ähnlichen geometrischen Charakter der Formen spüren, welche in ihrer Einfachheit einen potenziell ‚primitiven' Ausdruck bergen könnten. Das heißt, dass solche lineare Ästhetik an eine gewisse urformale Erscheinung und einen primitiven Eskapismus appellieren sollte. Hans-Jürgen Heinrich meint, dass der Primitivismus eine wiederaufgenommene Spurensuche des Elementaren sei, an Objekten (der Kunst, der Magie und des Rituals), die ihrerseits ebenso Zeugnis ablegen wollte von einer Suche nach dem Frühen und Unvermischten.[120] Des Weiteren wurde Picassos primitive Tendierung nach archaischen Formen fremder Kunst als eine Nachahmung solcher unvermischten Urformen interpretiert.[121] Bei anderen Kritikern und Theoretikern sind solche Einflüsse als europäische und außereuropäische Synthesen zu verstehen, die auf der Suche nach Originalität beschrieben werden.[122] An dieser Stelle lässt sich entnehmen, dass das Werk von Picasso an unterschiedlichen fremden Erzeugnissen orientiert war, obwohl diese für ihn einen ursprünglichen Charakter hatten. Anhand islamischer Kalligraphie kann eine primitive, sakrale Reinheit angenähert werden. Auch ist zu entnehmen, dass es sich bei Picasso um eine Umschreibung, eine Vereinnahmung fremder Artefakte und um eine Verschleierung ihrer Herkünfte und ihrer ursprünglichen Kontexte handelte, abgesehen davon, aus welchen Gründen und Interessen er die Kritiker durch sein Dementieren und Schweigen irritiert hatte. Eventuell sollte dabei berücksichtigt werden, dass historisch bedingt damals noch ein anderer Kontext bzw. öffentliche Meinung als heute herrschte. Aufgrund des minderwertigen Bildes des Ostens mussten seine Werte und Eigenheiten von den Künstlern der Moderne verschwiegen werden. Ein Künstler wie Picasso könnte die ‚orientalische' Kultur und ihre Errungenschaften insgeheim hochverehrt und daher in seine Kunst aufgenommen haben. Vielleicht konnte er das aber, als öffentliche Person, auch aus politischen oder gesellschaftlichen Gründen nicht öffentlich zugeben. Während Picasso gegenüber solchen fremden Übernahmen, Einflüssen und Mimesis schweigend geblieben ist, sind solche fremden Artefakte von Kandinsky zu erahnen und zu assoziieren. Zugleich sind solche Bezüge von ihm radikal verleugnet sowie stark kritisiert worden, sodass sich bei Kandinsky eine klare ambivalente Haltung feststellen lässt.

Beispiel Kandinsky

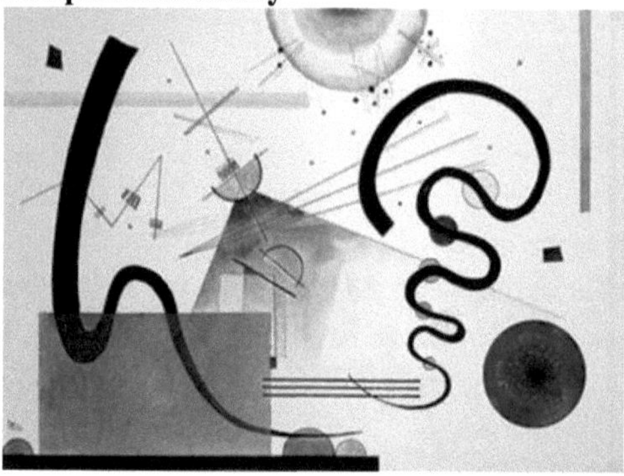

(Abb. 11) Kandinsky, Bewegungen, 1924, Aquarell und Tusche auf Papier, 33,7 x 47,3 cm

Kandinsky ist damit bekannt gewesen, dass er traditionelle Artefakte negierte und versuchte, sich hinsichtlich seiner Kunst gegen einen „Ornamentverdacht“ und den Dilettantismus der ‚orientalischen‘ Ornamentik zu wehren.[123] Beispielsweise wurde von ihm jede Verbindung, jede Vergleichbarkeit und sogar jede Assoziation zwischen seinem abstrakten Werk mit einer ornamentalen Ästhetik tabuisiert. Irritierend ist aber seine Faszination gegenüber solchen Ornamenten, die er auf seinen Reisen, Museumbesuchen und Zeitschriften gesehen und sogar gesucht hat. Einerseits zeigte Kandinsky durch seine Briefe seine Faszination gegenüber den ‚orientalischen‘ Erzeugnissen. Andererseits versuchte er, seine ornamentale radikale Kritik auszudrücken.

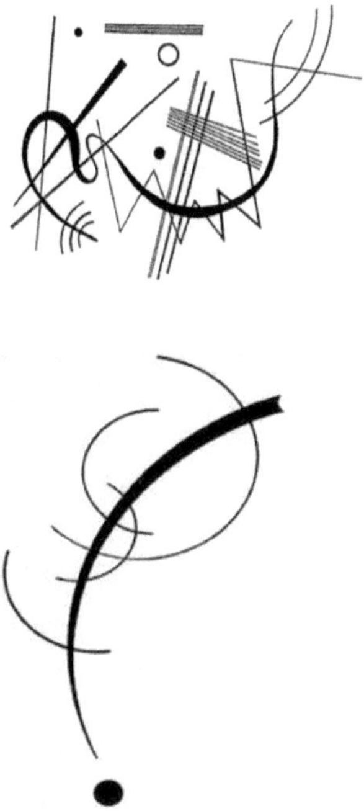

(Abb. 12) Kandinsky, Linien aus seinem Buch Punkt und Linie zu Fläche, 1926, Druckgrafiken

Es gibt zahlreiche Beispiele, wo ornamentale Adaptionen in Kandinskys Werk festgestellt werden können. In diesem Text wird vor allem auf die islamische Kalligraphie eingegangen, welche in zahlreichen seiner spät entstandenen Werke noch zu interpretieren und sogar zu erkennen sind. Jede Vergleichbarkeit zwischen seinen Abstraktionen und der Ornamentik wurde von Kandinsky radikal abgelehnt. Laut Brüderlin wurden solche Annäherungen von ihm sogar als „Sündenfall" beurteilt.[124] Diese ornamentale Abscheu hat

Kandinsky an mehreren Stellen seiner Schriften ausdrücklich bestätigt. Kandinsky betonte: „Die Gefahr einer Ornamentik stand klar vor mir, die tote Scheinexistenz der stilisierten Formen konnte mich nur abschrecken“[125], sowie: „Die Gefahr der stilisierten Form, die entweder tot geboren auf die Welt kommt, oder lebensschwach bald stirbt. Die Gefahr der ornamentalen Form, die hauptsächlich die Form der äußeren Schönheit ist, indem sie äußerlich ausdrucksvoll und innerlich ausdrucklos sein kann und in der Regel ist“.[126] Auf der anderen Seite lässt sich Kandinskys Faszination von der ‚orientalischen‘ Ornamentik spüren und an seinem Werk reflektieren. Begeistert und beeinflusst war Kandinsky sowohl von der Kalligraphie als auch von den geometrischen Volkskünsten bzw. von den arabischen zweidimensionalen figurativen Errungenschaften. Der russische Künstler hat zwei Reisen in den ‚Orient‘ unternommen. Im Jahre 1905 hielt sich Kandinsky in Tunesien auf und unternahm dort viele Reisen.[127] Kandinsky hat dort eine neue Ornamentik gefunden, nachdem er von dem Ornament bereits in seiner Jugendzeit in Russland sowie in seiner Jugendstilzeit beeindruckt gewesen ist. In der Geometrie und Kalligraphie hat er eine expressive lineare Bewegung und andere Kombinationen gesehen, die seine Aufmerksamkeit erregt haben könnten. Während seines Aufenthalts in Tunesien hat Kandinsky die Schriftzeichen betrachtet und skizziert (Abb. 16). Die expressiv wirkende arabische Schrift, die nahezu in allen Bereichen der Kunst (Architektur, Schriften, Kunsthandwerk etc.) Verwendung fand, beeindruckte ihn nicht nur, sondern führte ihn auch zu seiner eigenen Spielform, der Abstraktion in Bezug auf das Organische. Kalligraphische Schriftarten haben sich in dem gesamten Kulturraum wiederholend und identisch gezeigt. Daher kann die Rede in dieser vorliegenden Arbeit nur von der islamischen Ornamentik bzw. Kalligraphie und nicht von einem bestimmten Kunstwerk sein, wobei Kandinsky sich in anderen Experimenten mit bestimmten Volkskünsten auseinandergesetzt hat.

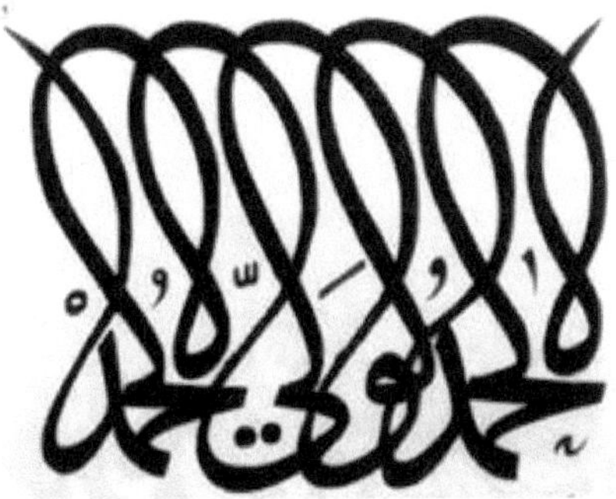

(Abb. 13) Islamische Kalligraphie (Nachkalligraphie), die Orig. wurde von Ahmad Karahisari (1468-1556), 1547

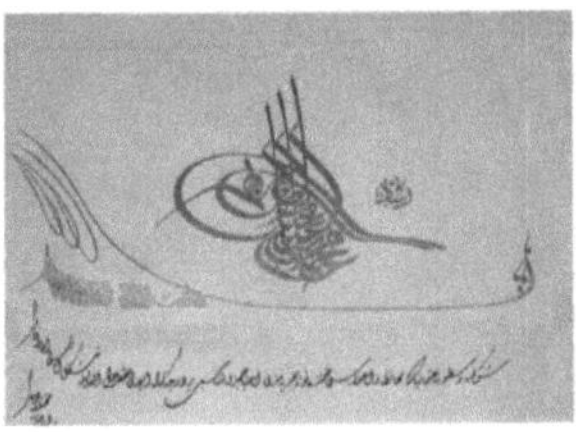

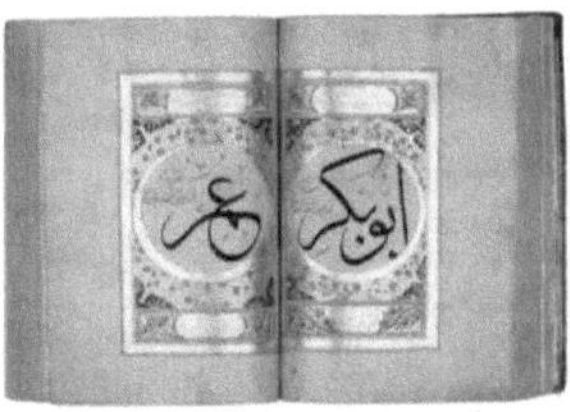

Abb. 14 Islamische Kalligraphie, der Diwani-Stil, Tusche auf Papier, wahrscheinlich 17. Jahrhundert

(Abb. 15) Islamische Kalligraphie, die Namen der Kalifen Abū Bakr und Umar stehen zwischen den Kapiteln, Tusche auf Papier, 19. Jahrhundert

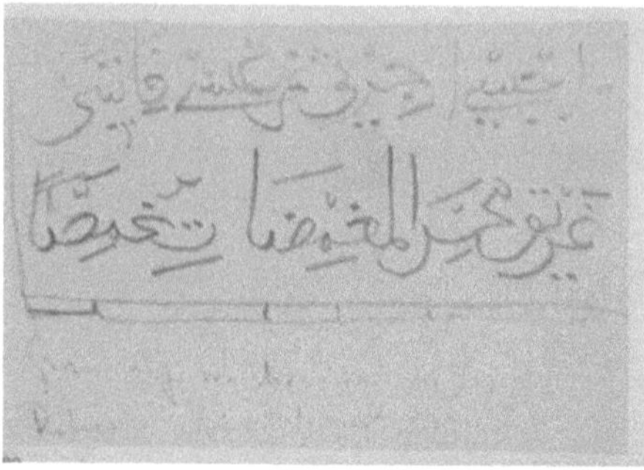

(Abb. 16): W. Kandinsky, Arabische Kalligraphie (Skizzenbuch von der Tunis-Reise), 1905, Bleistift auf Papier, 16,5 x 11 cm

Bei Betrachtung von Kandinskys Bildern und der linearen wellenförmigen Motive hat sich der Verfasser dieser Arbeit jedoch an die islamische Kalligraphie erinnert gefühlt. Auf Kandinskys Bild *„Zwei Bewegungen“* sind geometrische und geometrieähnliche Motive zu sehen (Abb. 11). Die zwei Linien, die der mittlere Bereich des Bildes besitzt, lassen sich auf zahlreichen Gemälden, Grafiken und Zeichnungen von Kandinsky wiederholen. In seinen Büchern zeigen sich beispielsweise wellenförmige Linien in schwarzweißen Druckgrafiken (Abb. 12) sowie seine Experimente mit expressiven Linienführungen (Abb. 32). Obwohl sie bedeutungslos und symbollos auftauchen, zeigt sich eine vergleichbare Ästhetik mit der islamischen Kalligraphie (Abb. 13-15, 20), welche durch ihre religiösen Inhalte und ihre epigraphische Erscheinung eine Symbolik tragen.

Dieses Interesse an islamischer Kalligraphie lässt sich bei weiteren Künstlern der klassischen Moderne finden. Auf den

Bildern von Paul Klee und August Macke (Abb. 17-19) können ebenso arabische Buchstaben erkannt werden, die nicht vollständig verfremdet erscheinen. Klee geht mit der Kalligraphie anders um als Kandinsky, indem er die Eigenschaften der Buchstaben und Vokabeln behält, sodass sie erkannt und gelesen werden können, und meistens mit anderen Motiven kombiniert. Im Gegensatz zu Klee und Macke hat Kandinsky Elemente der Schrift verwendet, die wortschwanger sind. Das heißt, sie befinden sich in einem Zustand der Vorsprache. Ihre wortlose Erscheinung hat den ähnlichen Auftritt wie in der Kalligraphie, obwohl die Elemente nicht schmuckhaft wirken. In diesem Sinne lassen sie sich als intuitive Graphismen beschreiben, weil sie zum einen eine geometrisch-zeichnerische Erscheinung haben. Zum anderen sind sie von Kandinsky als musikähnlich bezeichnet worden.

Beide abstrakten Künste versuchen durch die reine abstrakte Eigenschaft der Geometrie und die Expressivität der Linien etwas auszudrücken. Dem Betrachter zeigen sich die geometrieähnlichen linienartigen Abstraktionen und Ornamente ähnlich in den Bewegungen der Linien durch ihre expressive und organisch wirkende Ästhetik. Sie sind zweidimensional, geometrisch und bestehen aus fast vergleichbaren Bildelementen (z.B. Grundformen, Punkte und Linien). Sie sind gegenstandlos und grenzen sich von der naturalistischen, gegenständlichen Welt ab. Beide erscheinen schattenlos und sehnen sich nach übersinnlichen zeitlosen Welten.

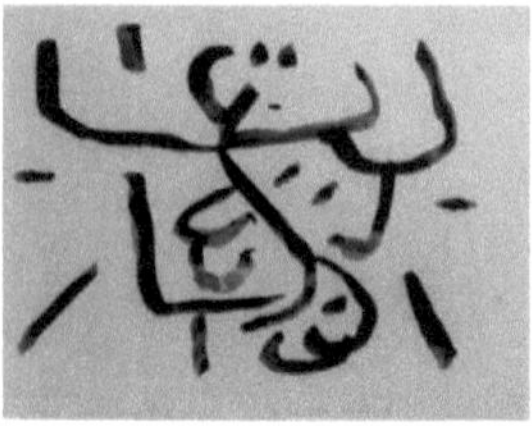

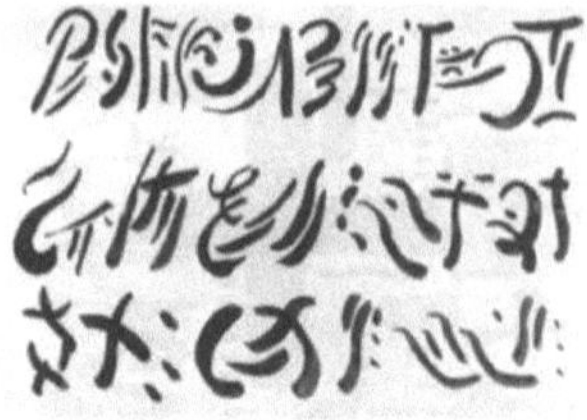

Abb. 17: Paul Klee, Pathetische Lösung, 1939, Pinsel/Tusche auf Papier, 21,5 x 27 cm

Abb. 18: August Macke, Kalligraphische Zeichen (II), 1912, Tusche/Pinsel auf Papier, 16, 3 x 19,3 cm

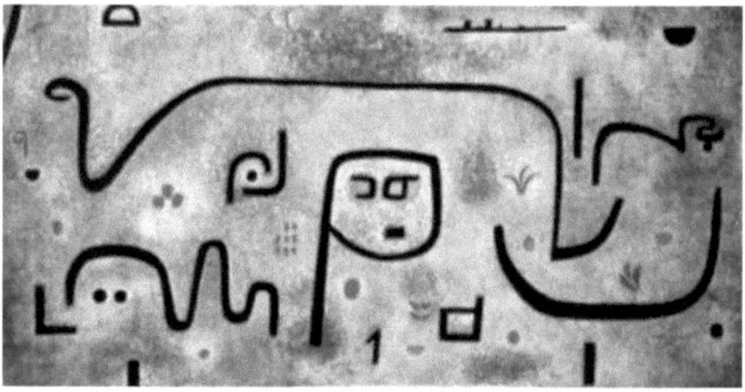

(Abb. 19) Paul Klee, Insula dulcamara, 1938, Öl auf Jute, 80 x 175 cm

Nina Kandinsky hat während der zweiten Reise in den ‚Orient' zu der Ornamentik der blauen Moschee der Stadt Smyrna in der Turkei festgestellt: „Als wir die blaue Moschee betraten, glaubte ich, die Malerei Kandinskys vor mir zu sehen".[128]

Die islamischen Künstler (Geometer und Kalligraphen) haben sich für die Schönheit interessiert. Die Schrift taucht auf den Wänden von islamischen Moscheen und Schlössern als

Teil der geometrischen und vegetabilen ornamentalen Verflechtungen mit anderen Schriftarten auf und symbolisiert die Anwesenheit Gottes. Durch einen bestimmten Schriftduktus sollte noch ein schöner Ausdruck vermittelt werden, der als Symbol für die Schönheit Gottes galt.[129] Demgegenüber bemühte sich Kandinsky um Kompositionen, die chaotisch und naturähnlich wirken und auf andere Wechselbeziehungen als die Symmetrien, Widerspiegelungen und Wiederholungen der Ornamentik tendieren. Mit anderen Worten: Während die islamischen Geometer anhand der Geometrie und Kalligraphie göttliche Eigenschaften symbolisieren und eine paradiesische Vorahnung anhand der Geometrie erreichen und ausdrücken wollten, ging es bei Kandinsky um eine parallele subjektive Welt, die vom „gottähnlichen" Künstler als ein schöpferischer Schaffensakt gestaltet werden kann.[130] Daher sei eine geistige Konzeption der Kunst notwendig gewesen, welche die gesamte Komposition und Konzeption des Bildes innovativ ändern sollte. Die Gier nach Innovationen geschah auf der anderen Seite auf Kosten des Anderen, indem die Künstler der klassischen Moderne solche außereuropäischen Einflüsse verschwiegen und als das Eigene für sich legitimiert haben. Anders ausgedrückt sind die fremden Artefakte bzw. die östlichen ornamentalen Künste für sie als eine geistige Inspirationsquelle und ursprüngliche Magie zu empfinden, wobei aber auf ihre traditionellen, religiösen, sprachlichen Zusammenhänge verzichtet wurde. Auf diese Haltung können seine Werke verweisen, indem seine Motive symbollos und bedeutungslos erscheinen und zugleich ihre äußerliche Ähnlichkeit mit der geometrischen und kalligraphischen Ornamentik nicht übersehen werden kann. Ferner geht es bei Kandinsky und Klee um eine Erfindung einer neuen Schrift, die im Gegensatz zu normalen Schriften durch ihre geistige Kraft und Bewegung verstanden werden kann. Kandinsky: „Wir sehen nur, daß der Buchstabe aus zwei Elementen besteht, die doch schließlich einen Klang ausdrücken"[131] Weder bei Picasso noch bei Kandinsky lässt sich finden, dass sie vereinnahmte außereuropäische Artefakte zugegeben haben. Brüderlin formuliert:

„Doch der Übereifer, mit dem die Künstler sich gegen den Ornamentverdacht wehrten, verrät, dass die Vorkämpfer der abstrakten Kunst instinktiv merkten, dass diese Kategorie auch über die offensichtlich formale Verwandtschaft hinaus mehr Einfluss auf die Grundlegung der gegenstandslosen Kunst ausübte, als man zugeben wollte".[132]

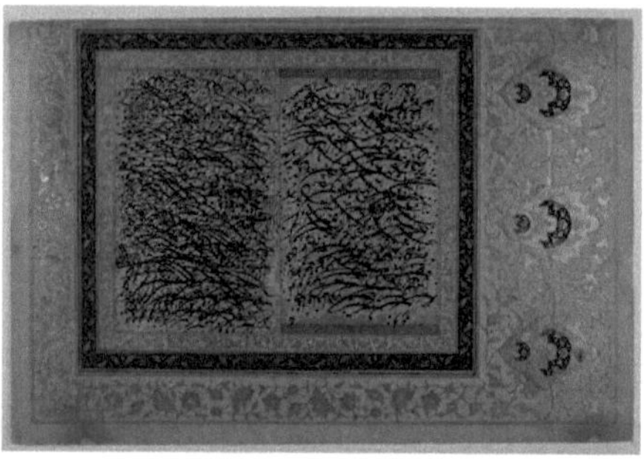

Abb. 20: Siyah Mashq, Übungsblatt, 1600, Tusche auf Papier, 30,9 x 47, 2 cm

Beispiele aus Kandinskys Spätwerk

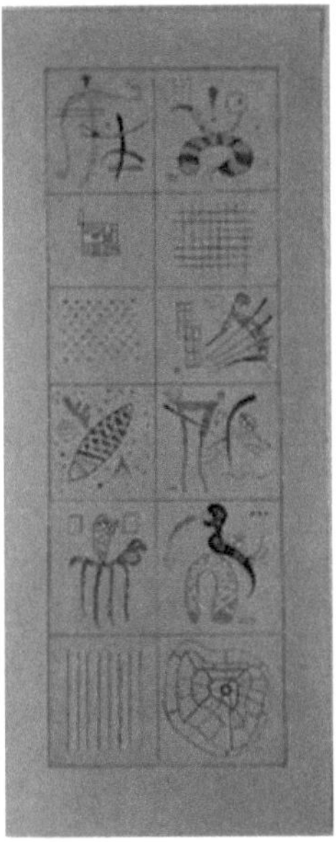

Abb. 21: Wassily Kandinsky, Zarte Bagatellen, 1937, Aquarell und Öl auf Leinwand, 60 × 25 cm

In den 1930er und 1940er Jahren haben die Kompositionen Kandinskys begonnen, sich zu verändern. Die meisten Motive sind beispielsweise nicht aufeinandergeschichtet, sondern nebeneinandergesetzt worden. Das zeigt sich in seinen 1935 und 1937 entstandenen Bildern *Zarte Bagatellen* und *Aufeinanderfolge* (Abb. 21 und 22). Es sind bunte abstrakte Bildmotive, die einen mikroskopischen beziehungsweise pflanzlichen und teilweise zoomorphen sowie chimärenhaften Charakter haben. Zum Teil tauchen geometrischen Farb- und Formelemente beziehungsweise Linien, Punkte und Gitter auf, die mit seiner Farb-Formen-Lehre durch weitere kleine Überschneidungen in Verbindung gesetzt werden können.

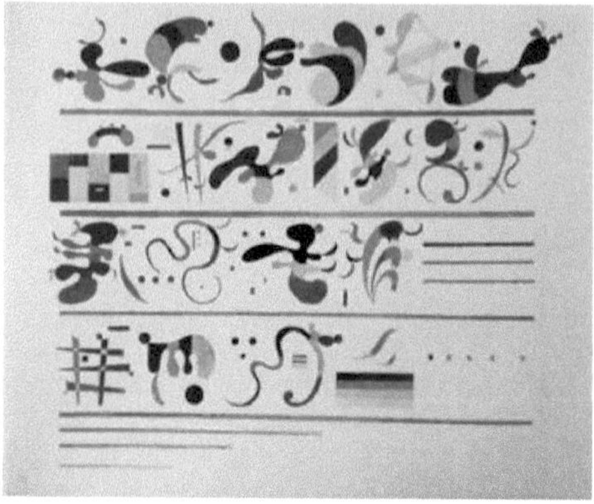

Abb. 22: Wassily Kandinsky, Aufeinanderfolge, 1935, Öl auf Leinwand, 81 × 100 cm

Im Gegensatz zu seinen früheren Kompositionen hindern diese Motive trotz ihres neuen Sinnzusammenhanges und ihrer Rätselhaftigkeit den Betrachter, die Motive selbst ohne klare Assoziationen zu empfinden. Sie wirken einerseits künstlerisch und andererseits wissenschaftlich, indem sie eine Parallelität mit der naturwissenschaftlichen revolutionären Weltanschauung zeigen. Beispielsweise lässt sich die Logik seiner Formen mit dem alphabetischen Charakter einer Schrift vergleichen, als ob Kandinsky durch seine Formen eine Erzählung hervorbringt beziehungsweise schreibt, die einen Anfang und ein Ende sowie die Sequenz eines Schriftsystems hat. Diese Schrift-Bildsprache lässt sich mit den ägyptischen Hieroglyphen ganz eindeutig vergleichen. Vor allem die Bildteilung und die Trennung der Motive lässt uns seine Faszination gegenüber solchen alten Schriftsprachen erkennen. Nach seiner ersten Reise in den ‚Orient' unternahm Kandinsky eine weitere. 1931 brach er zu einer zweiten Reise nach Ägypten, Palästina, Syrien und in die

Türkei auf. Obwohl Hieroglyphen in den Museen und Zeitschriften in Europa gezeigt wurden, könnte Kandinskys zweite Reise seine Sehnsucht nach dem ‚Orient' wiedergeweckt haben. Auf der anderen Seite deutet der Titel seines Bildes nicht auf das Zeichensystem der Hieroglyphen.

Der *Tempel von Dendera*, der nördlich von Luxor liegt, war der Göttin Hathor gewidmet. Die Wände des Tempels sind mit zahlreichen Figuren geschmückt, die aus der Welt der Pharaonen und Götter stammen.[133] Werden diese Hieroglyphen genau betrachtet (Abb. 23 und 24), so ist ersichtlich, dass sie einen bildhaften Charakter haben. Es lassen sich tierische Formen und Gegenstände erkennen, es sind aber auch weitere abstrakte Formen vorhanden, die auf den ersten Blick nicht identifiziert werden können. Bei diesen hieroglyphischen, bildhaften Alphabeten herrscht eine Sprachlogik, die eine bestimmte Richtung und Reihenfolge haben mussten. Da der Tempel am linken Ufer des Nils liegt, könnte Kandinsky bei seiner Kreuzfahrt durch Ägypten den Tempel gesehen haben und von den hieroglyphischen Reliefs angeregt worden sein. Kandinsky hat seine Begeisterung für die ägyptischen Kunstformen sehr früh gezeigt. Bei manchen Bildern lässt sich nachweisen, dass Kandinsky solche traditionellen Motive gekannt und sogar gesucht sowie für seine ästhetischen Produktionen verwendet hat. Als Kandinsky 1911 für die Zeitschrift *Almanach*[134] arbeitete, interessierte er sich für einen Artikel seines Kollegen und Orientalisten Paul Kahle, der die ägyptischen Schattenfiguren behandelte und viele davon erwarb. Dieser Artikel wurde auch in der Zeitschrift *Der Islam* veröffentlicht. Kandinskys Reaktion auf diesen Artikel, der ihm von Dr. Paul Marc, dem Bruder von Franz Marc, zugeschickt wurde, war folgende:

„In der Zeitschrift ‚Der Islam‘ habe ich mit großem Interesse Ihren Artikel über ägyptische Schattenspielfiguren gelesen und lange auf die famosen, überaus feinen Abbildungen geschaut. Von ganz besonderer Wichtigkeit ist für mich in diesem Falle die Verteilung der Linien und Flächen. Ich arbeite an einer Kompositionslehre in der Malerei und diese Figuren könnten mir als besonders klare Beispiele dienen. Da entschließe ich mich, mich an Sie mit einer großen Bitte zu wenden. Könnten Sie mir vielleicht auf irgendeine Weise einige der Photographien abtreten?“[135] Kandinsky hat daraus einige Bilder bestellt, während er sich mit seiner Publikation *Über das Geistige in der Kunst* beschäftigte. In seinem Brief an Kahle schrieb er weiter:

„Ich habe viel Freude an den Sachen, für welche auch meine Freunde sehr begeistert sind [...]. Unter meiner Leitung wird im Winter das Erste Buch [...] erscheinen über die geistige neue Kunst. Und da möchte ich so gerne einige der Schattenfiguren als Buchschmuck (welcher zahlreich und sehr interessant wird) bringen. Würden Sie mir dazu Ihre Erlaubnis geben?“[136] Kandinsky schrieb wiederholt an Kahle und verdeutlichte sein weiterführendes Interesse an der islamischen Kunst, indem er um weitere Informationen bat: „Würden Sie so gut sein und mir mitteilen, wo ich Ihren Artikel ‚Neuarabische Volksdichtung‘ bekommen könnte.“[137]

Die Ähnlichkeit zu der Ästhetik der Schattenfiguren lässt sich in seinen späteren Bildern nachvollziehen, indem er anscheinend seine absolute Geometrie und ihre Problematik überwinden wollte. Bereits zuvor haben Museumsbesuche sein Interesse an der Form des ‚Orientalischen' geweckt. Unmittelbar nach seinem Besuch im Berliner Kaiser-Friedrich-Museum (heute Bode-Museum) besichtigte Kandinsky im 1907 die Ausstellung *‚Meisterwerke mohammedanischer Kunst'*, die er 1910 in der St. Petersburger Zeitschrift Apollon als einzigartig würdigte.[138] Kandinsky konnte in München und in Berlin auch ‚orientalische' Buchkunst, Keramik, Waffen, Teppiche, Textilien, Möbel und so weiter sehen. Er war beispielsweise von den Miniaturen und von dem Skizzenbuch des persischen Künstlers Riza Abbasi (1570–1635) sehr begeistert.[139] In München hat er eine persische Zeichnung, die zuvor noch nicht bekannt war, gesehen und 1910 in der russischen Zeitschrift *Apollon* Folgendes dazu geschrieben: „Zum Beispiel die Pferde! Ich erinnere mich an eine Zeichnung mit schwarzen, gleichsam gehitzten Zügen, die eine Gruppe von Pferden darstellte. Die Pferde laufen alle von rechts nach links. In diesem Blatt, dem die Zauberung der Farbe fehlte, tritt mit besonderer Schönheit die ganze Kraft, Schönheit, Bestimmtheit und Zielbewusstheit der Zeichnung hervor [...].“[140] Obwohl die ägyptischen Schattenspielfiguren (Abb. 25 und 26) für das Theater konzipiert und ihre Licht-Schatten-Kontraste durch ihre Funktion bedingt waren, haben solche Korrespondenzen zwischen Hell und Dunkel, Licht und Schatten eine symbolische sufistische Bedeutung. Das Licht symbolisierte die Ewigkeit der Geist-Seele und der Schatten stand für die vergängliche Materie. Das heißt, dass sich hinter diesem Spiel der Kontraste eine sufistische Philosophie verbirgt, indem sie das menschliche Dasein verkörpern. Die menschliche Existenz besteht aus diesen Gegensätzen und kann sich existenziell nur zwischen diesen Dimensionen bewegen. Die Abstraktheit der Formen kann uns zur platonischen Philosophie führen, die sie sehr stark beeinflusst haben sollte.[141]

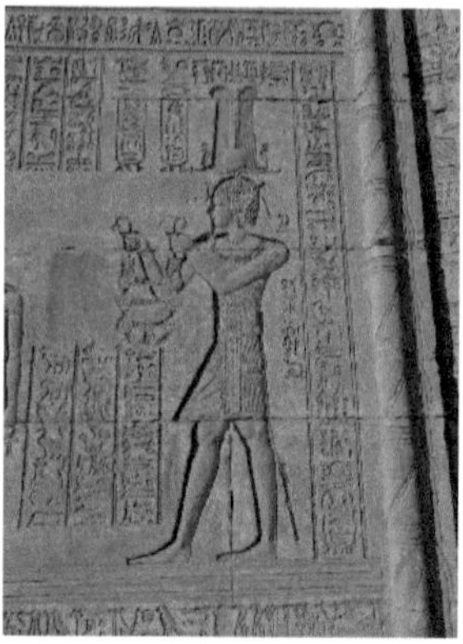

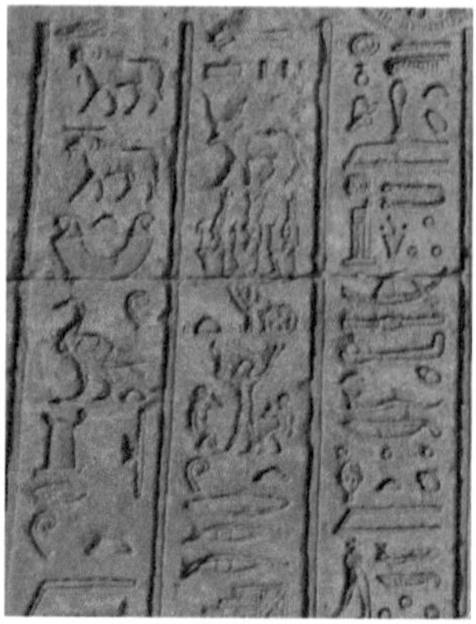

Abb. 23 Der Tempel von Dendera

Abb. 24 Der Tempel von Dendera (Ausschnitt)

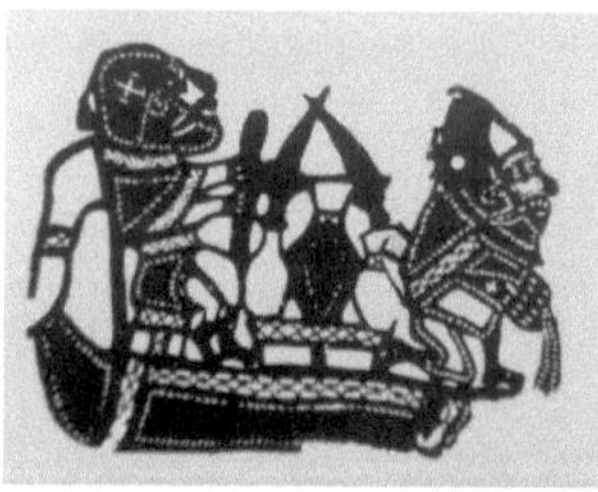

Abb. 25: Ägyptische Spielschattenfiguren Eine Barke mit zwei Männern, 14–16 Jahrhundert, 41 × 56,5 cm

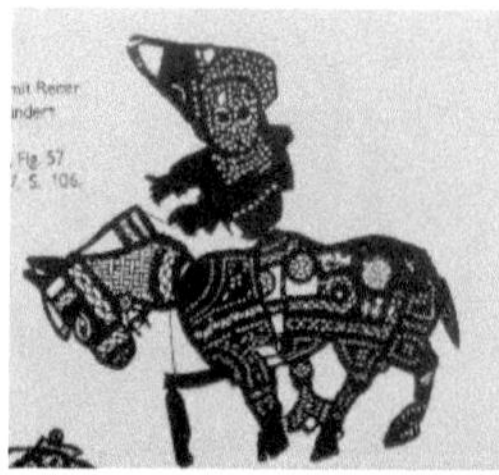

Abb. 26: Ägyptische Spielschattenfiguren, Ein Pferd mit Reiter, 14.–16. Jahrhundert, 73,5 × 75,4 cm

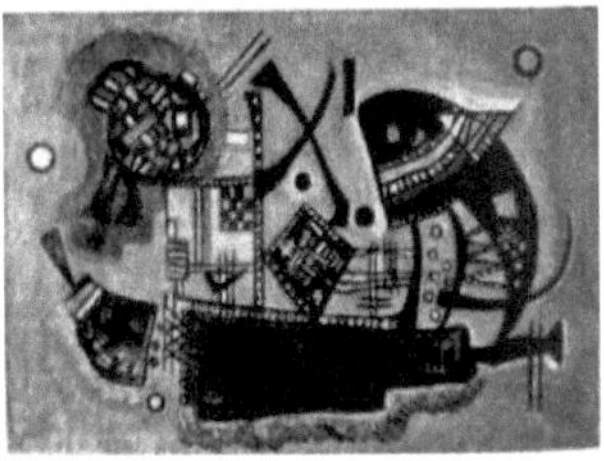

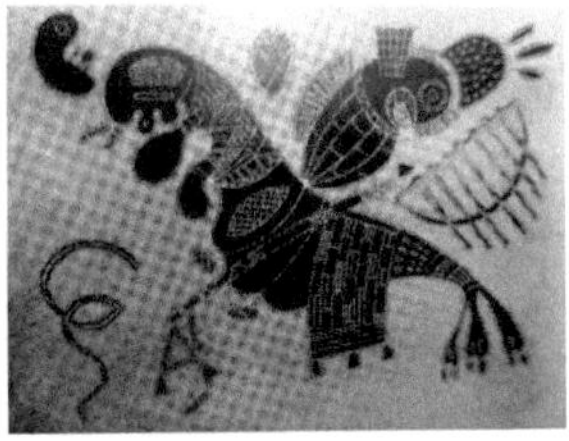

Abb. 27: Wassily Kandinsky, Geflecht, 1927, Öl auf Leinwand, 50 × 70 cm

Abb. 28: Wassily Kandinsky, Der braune Aufschwung, 1943, Tempera und Öl auf Karton, 42 × 58 cm

Diese ornamentale geometrische Behandlung der Figuren lässt sich auch bei Kandinsky finden.[142] Sowohl die Motive als auch die ästhetische Erscheinung sind ganz eindeutig verwandt. Trotz der von Kandinsky gegebenen Titel der Bilder (Abb. 27 und 28), welche den Assoziationen des Betrachters nicht entsprechen, ähneln sich bestimmte Bildelemente bei Kandinsky mit den oben gezeigten Schattenfiguren aufgrund ihrer Gestaltung. Differenziert sind die schwebenden Elemente bei Kandinsky, die eine Bodenlosigkeit und eine Befreiung von Raum und Zeit ausdrücken und den Bewegungsrhythmus bewahren sollen, sowie die Farbigkeit seiner beiden Bilder. Um aber die Einflüsse und Vereinnahmungen seiner Formgebung zu verdeutlichen, werden in diesem vorliegenden Text beide Bilder schwarz-weiß gezeigt. An dieser Stelle ist zu fragen: Wie soll Kandinskys Herangehensweise reflektiert und beurteilt werden? Hat Kandinsky die ‚orientalische' Formensprache überarbeitet und für seine Experimente beziehungsweise seine Werke und Skizzen verwendet oder stammen solche Bilder vielmehr aus seinen Erinnerungen?

Beispiel Matisse

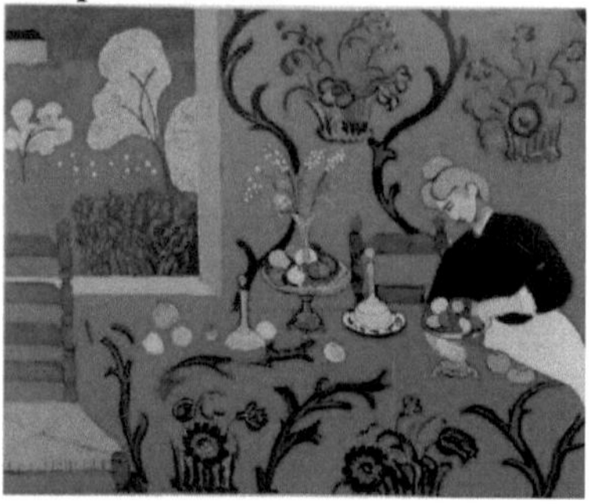

Abb. 29: Henri Matisse, Harmonie in Rot, 1908, Öl auf Leinwand, 180 × 200 cm

Um Kandinskys Haltung gegenüber dem ‚Orient' beziehungsweise den ‚orientalischen' Artefakten nachzuvollziehen, möchte ich ein Bild von seinem Zeitgenossen Henri Matisse vergleichen heranziehen, das ähnliche ‚orientalische' Bezüge aufweist. Matisses Faszination von islamischen Künsten kann ebenso wie bei Kandinsky auch durch seine Reisen in den ‚Orient' und Museumsbesuche nachgewiesen werden. Der französische Künstler reiste im Jahr 1906 nach Algerien und zwischen 1912 und 1913 nach Marokko. Vor seiner Reise nach Marokko hat Matisse, wie auch Kandinsky, die Ausstellung islamischer Meisterwerke besucht. Die Kunst des französischen Künstlers lässt sich mit Picassos Primitivismus vergleichen, der ebenso wie Matisse Haremsszenen, in differenzierter primitiver beziehungsweise neoprimitiver Art und Weise, malte und sich so auf den ‚Orient' rückbesinnt. Abgesehen davon, dass Matisse das Reine und Geometrische der ‚orientalischen' Ornamentik bewahrte, hat er sich für andere Themen, als sie bei Kandinsky zu finden sind, interessiert, die trotz ihrer fauvistischen Art mit den

Orientalisten des 19. Jahrhunderts verglichen werden können. Zum Beispiel beschäftigte ihn das Motiv *Odaliske*, das ein beliebtes Thema der vorigen Generation, wie Jean-Auguste-Dominique Ingres, war. In diesem Zusammenhang möchte ich mich jedoch mit einem anderen Bild beschäftigen, *Harmonie in Rot* (Abb. 29), das von Matisse im Jahr 1908 gemalt und später überarbeitet wurde. Matisse hat seine Begeisterung für islamische Kunst ausdrücklich in seinen Interviews beschrieben und eindeutig in seiner Kunst Ausdruck verliehen. Dabei lässt sich ebenso an seinem Bild das Aufeinandertreffen zweier unterschiedlicher Kulturen nachempfinden. Seine flächenhafte Malerei verweist auf einen Dekorationsfundus, von dem er auf seinen Reisen begeistert war. Das Dekorative-Ornamentale hat er sich trotz der damaligen permanenten Kritik an seiner Kunst bewahrt und ungehemmt immer wieder gezeigt. ‚Orientalische' Teppiche und Textilien haben Matisse zu einer fauvistischen Malerei inspiriert und zu einer Sittlichkeit der Farbe sowie einer individuellen Befreiung vom Impressionismus hingeführt. Dies kann durch den Satz: „La révélation m'est venue d'Orient" (dt.: Die Offenbarung kam aus dem Orient zu mir), wie Matisse 1947 zum Kunstkritiker Gaston Diehl sagte,[143] belegt werden. In *Harmonie in Rot* beschäftigt sich eine mit schwarzem Hemd und weißem Rock vor dem Tisch stehende blonde Frau in westlicher Tracht mit einem Obstteller. Mit der rechten Hand hält sie den Ständer und mit der linken greift sie den Rand des Tellers, vermutlich um das Obst zu arrangieren, wobei der Betrachter den Eindruck hat, dass es sich bei den Früchten und Gegenständen beispielsweise nicht um ein Frühstück oder eine Nachtmahlzeit handelt, sondern um ein inszeniertes Stillleben. Auf dem Tisch sind noch weitere

Früchte und Brötchen verteilt ebenso wie eine Etagere mit Obst und Blumen sowie Glaskaraffen, die mit Wein oder Saft gefüllt sind. Um dem Tisch sind noch zwei Stühle zu sehen und im Hintergrund kann noch eine durch das Fenster westliche Frühlingslandschaft erkannt werden, die leuchtende gelbe und blaue Blumen und blühende weiße Bäume zeigt.

In dem Raum fließt eine aus dem ‚Orient' stammende ornamentale Reinheit. In dieser reinen dekorativen geometrieähnlichen Welt öffnet sich anhand des Fensters eine Ausblick auf den ‚Okzident'. Der Betrachter kann sogar weitere Metaphorik interpretieren, wo das Licht des ‚Orients' anhand der Farbe und sein Einfluss auf die blühende westliche Landschaft zu verstehen ist. Eine Aufnahme des Ornamentalen kann durch die reine karminrote Farbe festgestellt werden, die aus den ‚orientalischen' Textilien und Teppichen umgesetzt worden ist, und durch die lebendigen dunkel- und hellblauen Arabeskenranken, die die gesamte Räumlichkeit des Bildes dekorieren beziehungsweise dieses zusammenhalten. Matisses Bild wirkt, als ob er die Abstraktheit der islamischen Ornamentik vergegenständlichen und wiederum die Realität ornamentalisieren beziehungsweise abstrahieren wollte. Eine weitere Umsetzung ist die Verwandlung des Teppich-Motives weg von seiner ursprünglichen Funktion und als kunsthandwerkliches Element hin zu einem Element des reinen Malerischen, wo eine weitere Korrespondenz zwischen Malerei als solcher und einfühlungsmäßigen Abstraktionen zu finden ist. In diesem Sinne treten ‚Orient' und ‚Okzident' in Matisses Bild in einer korrespondierenden Relation und Wechselwirkungen auf. Anders gesagt: Matisse hat ‚Orient' und ‚Okzident' in dem gleichen Niveau, wodurch er sogenannte ‚hohe und niedrige' Kulturen gleichermaßen nebeneinanderstellt, dargestellt. Marc Scheps schreibt zu dem, was Matisse in der islamischen Kunst fand: „[...] den ganzen [...] Reichtum dieser Kunst, die die westliche Trennung zwischen ‚hoher' und ‚niedriger' Kunst nicht kennt und in ihrer Gesamtheit eine Einheit bildet, in der das Dekorative und das Spirituelle untrennbar verbunden war. [...]"[144]

Ob es sich bei Kandinsky und seiner Verleugnung ‚orientalischer' Beeinflussungen um Angst vor gesellschaftlicher Kritik aufgrund der politischen Lage in dieser Zeit oder einen minderwertigen Blick gegenüber dem ‚Orient' und seinen Artefakten handelte, kann in diesem Text nicht nachgewiesen werden. Diese fremden Bezüge können auch aus seinen Erinnerungsschichten stammen und als Reminiszenzen empfunden und reflektiert werden, die er von seinen ‚orientalischen' Reisen mitgebracht hat und die in seinen Bildern intuitiv eingeflossen sind. Dies kann an der traumhaften Qualität seiner geometrischen und geometrieähnlichen Formen erahnt werden, denn die Formgebung seiner Motive veranlasst diese Assoziation an ‚orientalische' Artefakte. An dieser Stelle soll zwischen seinen Schriften und seinen Bildern bezüglich seiner Einflüsse unterschieden werden. Seine Bilder zeigen doch diese ästhetische Differenz, indem sie weitere interkulturelle Dimensionen erahnen lassen, die Kandinsky vermeiden wollte. Seine radikale Ablehnung gegenüber solchen Konnexen kann auch als eine Traditionsphobie diagnostiziert werden, indem er und seine Zeitgenossen als Neophile auftreten wollten. Die Kunst, die sie erreichen wollten, sollte als ein *‚unkulturelles'*, innovatives Charakteristikum erscheinen. Kehren wir auf seine ersten beiden Beispiele (Abb. 21 und 22) zurück, finden wir, dass anhand der hieroglyphischen Charakteristika seiner abstrakten symbollosen

Motive seine Biografie beziehungsweise seine Reisen und Interessen vom Kunstwerk mittelbar oder unmittelbar aufgenommen und konserviert worden sind. Eine weitere Überlegung ist: Warum war Kandinsky von den alten abstrakten Artefakten und uralten geometrischen Formen, die in unterschiedlichen Kontexten der damaligen Kulturen entstanden, angeregt?

Die Krise des Metaphysischen (Eine Zeitdiagnose)

Die Evolutionstheorie, Nihilismus, Psychoanalyse und Sozialpolitik waren die Formen des Atheismus und einer Entchristlichung des 19. Jahrhunderts, die das Subjekt in eine metaphysische Krise gebracht haben, nachdem neue Fragen nach der Stellung des Menschen im Kosmos entstanden sind.[145] Kandinskys neue Abstraktionen haben versucht, an dem theoretischen Konzept der Theosophen erneut anzusetzen und in einer rationaler werdenden Welt eine geistige Relation zu schaffen. Daneben strebten diese auch danach, Erklärungen in Bezug auf die menschliche Psyche zu liefern. Sie bewegten sich daher im wissenschaftlichen Kontext ihrer Zeit, in der Materie, materialistische Kunst und auch marxistischer Materialismus, die die sozialen Lebensformen damaliger Zeit veränderten. Kandinskys Kunst wollte im Vergleich zur Wissenschaft eine neue Sichtweise auf die Menschheitsrevolution schaffen und war getrieben von dem Drang des Menschen, welcher auf allen Gebieten eine neue Herausforderung erkannte.[146] In dieser rationalen Welt entstand als Gegenbewegung erneut, wie zuvor zur Zeit der Romantiker und zur Zeit des Jugendstils, eine tiefe menschliche Sehnsucht nach dem ‚Geistigen', nach Naturverbundenheit – eine Sehnsucht, die auch in den letzten Jahrzehnten in regelmäßigen Intervallen immer wieder thematisiert wurde und bis heute eine Faszination für den rationalen Menschen bleibt. Im Kontrast zu allen politischen und philosophischen Theorien der zweiten Hälfte des 19. Jahrhunderts stand die abstrakte Kunst der Zeitenwende zu Beginn des 20. Jahrhunderts für eine Rückbesinnung auf ‚orientalische' Urweisheiten, die nach Kandinsky in Anschluss an Steiner vom ‚uralten Orient' noch verschleiert seien. Das lässt sich durch Kandinskys Vorwürfe gegenüber ornamentalen Formen ausdrücken, die er als leer und inhaltlos bezeichnete und Kontexte der islamischen Ornamentik verblendete. Wird der Blick erneut auf das islamische Mittelalter[147] gelenkt, zeigt sich einmal mehr die bemerkenswerte Rolle dieser Hochkultur im Erhalt und der Weiterentwicklung antiken Wissens. Bereits um 900 n. Chr. florierten in Städten wie Bagdad, Damaskus und Teheran wissenschaftliche Zentren,[148] die Erkenntnisse der griechischen Philosophie etwa von Aristoteles, Platon oder Thales aufgriffen, systematisierten und weiterdachten. Gelehrte wie Al-Farabi und Alhazen trugen wesentlich dazu bei, dieses Wissen nicht nur zu bewahren, sondern auch in neuen Kontexten anzuwenden. Besonders deutlich wird dieser Transfer in der Ornamentik des sogenannten ‚Morgenlandes', in der sich mathematische Prinzipien spiegeln, lange bevor sie in der europäischen Renaissance wiederentdeckt wurden.[149] Demnach wurde die Antike nicht nur einmal wiederentdeckt! An dieser Stelle lässt sich zu der Erkenntnis kommen, dass diese nur für einige Zeit verschollen gewesen sein müsse, und sie wird, wie hier letztlich zu erkennen ist, auch durch Kandinsky wiederentdeckt und in seine Zeit transferiert. Da die griechische Antike und die philosophischen Erkenntnisse ihrer Zeit bereits die Fragen des Menschen zu seiner Umwelt und der Welt an sich erklären konnten, wurde diese Wiederentdeckung durch Kandinsky auf die Geheimnisse des Geistigen, das durch die umgebende Materie verschleiert ist, übertragen. Der Künstler wollte folgende Aspekte revolutionieren: materielle Ideologien und naturwissenschaftliche Kenntnisse sowie alte Traditionen, ihre Künste und Dogmen. Beispielsweise stünden Wissenschaften für eine neue Welterklärung des 19. Jahrhunderts in Europa. Zu diesem Zeitpunkt wurde oftmals von einer Nicht-Euklidischen Geometrie[150] als auch von einer großen naturwissenschaftlichen Revolution in der Physik und Mathematik gesprochen.[151] Max Planck, Albert Einstein und später Werner Heisenberg waren Zeitgenossen von Kandinsky und haben die gesamte Wissenschaft und Philosophie des 20. Jahrhunderts beeinflusst.[152] Es besteht ein Zusammenhang zwischen Kandinskys geometrischen Formen und den Erkenntnissen der Mathematiker und Physiker seiner Zeit. Weiterhin hat Kandinsky versucht, die Geometrie von ihrem naturwissenschaftlichen, traditionellen beziehungsweise ornamentalen Rahmen zu lösen und in einen neuen künstlerischen Kontext zu stellen, um eine neue intuitiv-rationale Balance zu erreichen. Kandinsky hat jedoch nicht von einer übersinnlichen himmlischen Welt des Platonismus und der islamischen Metaphysik, sondern einem neuen Geist eines Innenlebens der Natur gesprochen. Der ‚Orient' wurde von Kandinsky als die unberührte Welt gesehen, hinter deren Kunst- und Schriftformen sich Urwesenheiten und bewahrte originale Urbilder verbergen. Solche verborgenen Wesenheiten appellieren an aktualisierte Spiritualität.[153] Anstatt materialistischer Prinzipien, traditioneller Rückständigkeit, blinder Schönheit und starrer wissenschaftlicher Disziplinen sollten nach Kandinsky neue Exerzitien geschaffen werden, die aufgrund ihrer Naturähnlichkeit und daher musikähnlichen Qualität und reiner ästhetischer Erscheinung eine neue Spiritualität anbieten, welche das Subjekt zur Urweisheit bringen kann. An dieser Stelle kommt die Anthroposophie ins Spiel, die Kandinsky und seine Zeitgenossen sehr stark beeinflusst hat.

Das Künstler-Kind

Die Herangehensweise der Künstler der Klassischen Moderne und ihr experimentelles Schaffen lassen sich in vielerlei Hinsicht mit Friedrich Nietzsches philosophischen Visionen zur Entwicklung des menschlichen Geistes in Verbindung bringen. Besonders die Avantgarde-Künstler – allen voran Wassily Kandinsky zeigten ein ausgeprägtes Interesse an geistigen und kulturellen Strömungen ihrer Zeit. Kandinsky war zweifellos belesen und setzte sich intensiv mit bedeutenden Philosophen, Theosophen und Anthroposophen auseinander. Einige von ihnen hat er in seinen Schriften erwähnt, z. B. Friedrich Nietzsche, Rudolf Steiner, Helena Petrovna Blavatsky, zeitgenössische Naturwissenschaftler et cetera.[154]

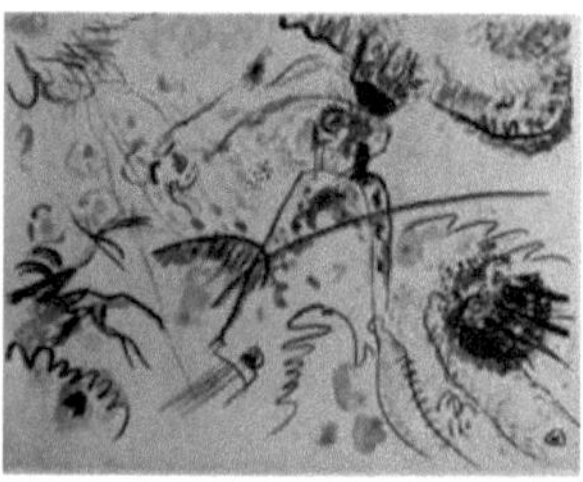

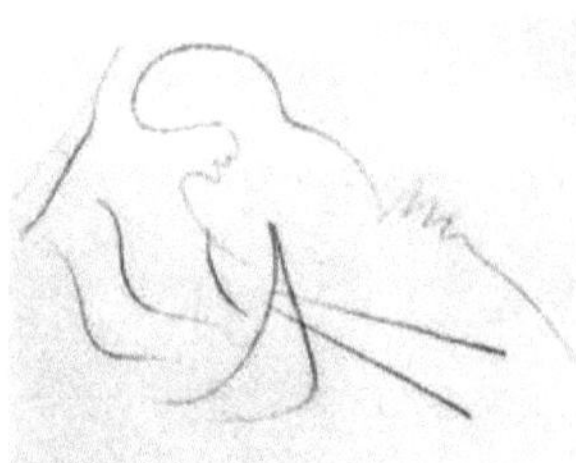

Abb. 30: Wassily Kandinsky, 1913, Entwurf zu Kleine Freuden, Aquarell, 1913, 24 x 30 cm

Abb. 31: Wassily Kandinsky, 1913, Zeichnung zu Komposition VI, 16,5 x 22,5 cm

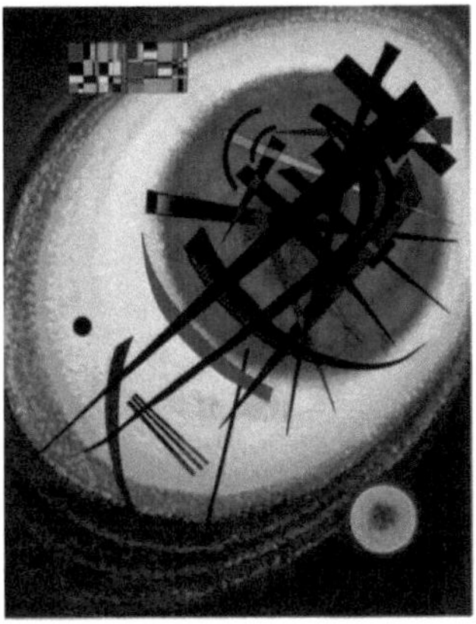

Abb. 32: Wassily Kandinsky, Im hellen Oval, 1925, Öl auf Karton, 73 x 59 cm

Diese Interessen und Auseinandersetzungen gaben Kandinskys Kunst weitere epistemologische und soteriologische Dimensionen. An dieser Stelle möchte ich mich auf Nietzsche beschränken, weil er die Generationen der Avantgardisten und postmodernen Künstler sowie deren künstlerische Methodik beeinflusst hat. Nietzsche hat die Entwicklungsphasen des menschlichen Geistes im Laufe der Geschichte und in der Zukunft durch die folgende Metaphorik erklärt: „Drei Verwandlungen nenne ich euch des Geistes; wie der Geist zum Kamele wird, und zum Loewen das Kamel, und zum Kinde zuletzt der Loewe".[155] Das Kamel ist durch Moral und Religion unterdrückt. Es trägt seine Schuldgefühle und die Befehle in Demut auf seinem Rücken. Es ist nicht in der Lage, seine Freiheit zu finden, weil es nicht an seinen Willen glaubt. Geduld, Genügsamkeit und Folgsamkeit sind die Werte, von denen es abhängig ist. Das Kamel verwandelt sich zum Löwen, indem es seine Unfreiheit anstrebt und sich ermutigt, Nein zu sagen. Der brüllende Löwe ist revolutionär und hat die Fähigkeit zu sagen: „Ich will". Der Löwe bleibt aber unterdrückt und in einem Streit mit Fremdbestimmungen, indem das System des Absolutismus noch existiert, dessen Macht von ihm bedroht wird. Außerdem sind der Löwe und dessen Nein destruktiv, er glaubt nicht an die Freiheit des Anderen.[156] Eine Unfreiheit kann erst durch das Kind überwunden werden, indem es von den oberen Befehlen (Religion, Moral, Ideologien) unabhängig wird. Seine Freiheit äußert sich durch kreatives Spiel und konstruktives Schaffen. Das Kind ist in der Lage, etwas Neues zu schaffen, indem es auf die Vergangenheit, vorgegebene Traditionen, Normen verzichten kann. Seine Fähigkeit sind Unschuld und Kreativität, mit deren Hilfe es neu beginnen kann.[157] Die abendländische Geschichte betrachtet, können diese Phasen im Mittelalter, in der Zeit der französischen Revolution bis in die Moderne sowie die Zeit des Faschismus und Kommunismus gesehen werden. Nietzsches Prophezeiung sind die Folgen der Ideologien des 20. Jahrhunderts, die zu den beiden Weltkriegen geführt haben, und das Kind, das alle Künstler der Avantgarde bis in die Postmoderne beeinflusst hat.

Kandinsky und Malewitsch zählen zu den Künstlern, deren Werke und Schriften stark von Nietzsche beeinflusst wurden.[158] Anhand seines konzipierten künstlerischen Verfahrens, seiner radikalen Haltung gegenüber den alten Traditionen, der Kunstgeschichte, religiösen Moral und Methodik anderer wissenschaftlicher Disziplinen zeigt sich, dass Kandinsky Nietzsches Prinzip der „Umwerfung der Werte" übernahm[159]. Dieses fundamentalistische Prinzip kann beispielsweise an seinen expressiven Bildern nachvollzogen werden, indem sie an eine Kindermalerei erinnern (Abb. 30-32). Nietzsches Einfluss zeigt sich in Kandinskys intuitiv-konstruktiver Verhaltensweise, wird das von ihm rezipierte künstlerische Verfahren mit Nietzsches Prinzip des Dionysischen und Apollinischen verglichen. Das Dionysische und Intuitive lassen sich mit dem Rauschaften, Irrationalen, Ungeformten verbinden, hingegen weist das Apollinische eine ordentliche, klare und rationale Qualität auf. Die zwei Gottheiten sind den griechischen Göttern Apollon und Dionysos zugeschrieben. Für Nietzsche galten beide gegensätzlichen Götter als Motoren des kreativen Prozesses. Dies hat Nietzsche in der Musik von Richard Wagner als die Wiedergeburt der Antike beziehungsweise als eine Errungenschaft, die eine Wiedervereinigung der beiden komplementären Götter ausdrückt, angesehen. Vor Nietzsche wurden beide Götter mit bestimmten Kulturen oder kulturellen Zeiten verbunden. Beispielsweise verkörperte Dionysos für Johann J. Winckelmann das Wesen des ‚Orientalischen' und für Karl Otfrid Müller das Primitive beziehungsweise die vorgriechische Zeit.[160] Daher wurde Dionysos mit Ablehnung und zugleich Sympathie betrachtet. Dagegen verkörperte Apollon den griechischen moralischen Geist. Diese kritischen Blicke lassen sich anhand der Phänomene des *Orientalismus* und *Primitivismus*, die in der Kunst der frühen und klassischen Moderne nachgewiesen werden können, interpretieren. Genauso wie Nietzsche das Apollinische und Dionysische als Motoren des menschlichen kreativen Schaffens verstanden und rezipiert hat, haben sich die Künstler der Moderne künstlerisch verhalten. Während Dionysos einen chaotischen, subversiven, irrationalen Charakter hat, ist Apollon bemüht, dieses Chaos und die Emotionalität zu zähmen und die Welt zu

Klarheit zu führen.[161] In diesem permanenten Streit konnte sich der Ritus der Kunst herausentwickeln. Ebenso hat sich die Herangehensweise Kandinskys zwischen Intuition und Konstruktion, Mimesis und Rationalität manifestiert. In diesem Sinne ist ein Verzicht auf die alten Ideale und der Beginn vom Nullpunkt zu sehen. „Der Russe wagte den Sprung ins Nichts und verließ sich in unbegrenzte Möglichkeiten der bildnerischen Ausdrucksmittel [...]"[162], sagt Grohmann.

Blind-bewusst kann das Künstler-Subjekt eine Genesis erreichen, die eine naturähnliche beziehungsweise musikalische Qualität hat. Dadurch besteht die Chance, das Neue zu schaffen. Der Sinn dieses mimetisch-rationalen dialektischen Prinzips ist die menschliche Bildung und eine kreative Ethik eines künstlerischen Spiels, wo Dogmatismus, Ideologien, vergangene höhere Werte, starre wissenschaftliche Disziplinen überwunden werden können.

Mit anderen Worten: Die Symptomatik der Moderne und die Symbolik des Mittelalters lassen sich voneinander durch eine Bejahung und Negation des Himmlischen unterscheiden. Das Ornamentale bleibt in seiner Sehnsucht nach dem Metaphysischen, wovon eine zeitlose „Nachexistenz" und eine göttliche Schönheit versprochen werden. Die Abstraktionen der Moderne suchen in der Natur und deren Kräften eine neue seelische Unterbringung und bewahren sich vor geistigen Verunsicherungen einer metaphysischen Obdachlosigkeit.

Anthroposophische Einflüsse

Kandinsky und Picasso haben nicht nur zum Kolonialismus in Nordafrika geschwiegen, vielmehr haben sie auch den Nahen Osten orientalisiert und die Unterschiedlichkeiten seiner historischen Zeiträume und kulturellen Zusammenhänge ignoriert. Wenn es um die Kunst und eine künstlerische Qualität ‚orientalischer' beziehungsweise ornamentaler Erzeugnisse geht, hat Kandinsky von einer Blindheit solcher Artefakte gesprochen. Hinter seiner Kritik verbirgt sich in der Tat eine Entartung solcher Volkskünste, Kalligrafie, Ornamente. James Clifford kommentiert dieses Phänomen folgendermaßen: „Kulturelle Produkte nichtwestlicher Gesellschaften werden vorab als Kulturobjekte definiert und westliche Kulturprodukte hingegen als Kunstobjekte privilegiert."[163] Bei Matisse hingegen verhielt es sich anders: Wie bereits erwähnt, übernahm er das ‚Orientalische' bewusst und offen für seine ästhetischen Produktionen. Gleichzeitig ist jedoch zu beobachten, dass er diese kulturellen Elemente häufig in einer orientalisierten Weise darstellt und damit einer westlich geprägten Projektion des ‚Orients' Vorschub leistet.

In dieser Hinsicht lohnt es sich, den Text von Rudolf Steiner *Der Orient im Lichte des Okzidents* miteinzubeziehen,[164] den Kandinsky durch seine Studentin Emy Dresler erhalten und gelesen hat.[165] Außerdem hat Kandinsky viele Seminare von Steiner besucht und war von seiner anthroposophischen Philosophie fasziniert sowie als Künstler und als Kunstphilosoph stark beeinflusst. Steiner hat in seinem Beitrag die Weisheit mit dem ‚Orient' verbunden. Damit ist die vorchristliche und christliche Zeit gemeint und für ihn hat die ‚orientalische' Weisheit durch Jesus ihren Höhepunkt erreicht. Bei diesem Text handelt es sich um Steiners Ansicht zum ‚Orient', der von den Künstlern der klassischen Moderne übernommen wurde. Es ist daher zu fragen, was Kandinsky mit dem ‚Orient' terminologisch gemeint hat, der von Steiner als die Welt der Weisheit angesehen wurde. Der Terminus im Sinne Steiners wird in vielen Zusammenhängen als kritisch betrachtet und in anderen als der Ausdruck, in dem der ‚geheimnisvolle Orient' bewahrt werden könnte. Ohne Zweifel hat Steiner mit dem ‚Orient' nicht den islamischen Kulturraum gemeint, sondern den vorislamischen beziehungsweise christlichen und vorchristlichen. Seine Vorstellung lässt sich von den westlichen Faszinationen und Idealen des 19. Jahrhunderts unterscheiden. Für Steiner sei das ‚Morgenland' die Welt der Weisheit, wo sich das Himmlische offenbare, aus der das Licht der Kultur käme. Er spricht von einem weitergeleiteten Licht, das von ‚orientalischen' Urkulturen „urindischen, urpersischen, ägyptischen Kulturen" im Laufe der Zeit aufgenommen und geerbt wurde, bis dieses Licht von den griechisch-römischen Kulturen empfangen, befruchtet und bewahrt wurde. Das Licht hat seinen höchsten Glanz durch Christus erreicht. Von dieser Quelle hat sich das Abendland weiterentwickelt und bis zum 19. Jahrhundert ernährt.[166] Ausdrücklich schreibt er in seinem Text *Das Markus-Evangelium*:

„Was während des 19. Jahrhunderts geschah, was wenige verstanden, was heute noch wenig gewürdigt wird, das ist, daß der Orient, und zwar in einer ganz intensiven Weise, sich in die abendländische Kultur hereinstellte. Dieses Hereinstellen des Orients in einer ganz eigenartigen Weise ist es, was wir ins Auge fassen müssen für die Umwandlung, die mit der Bildung des 19. Jahrhunderts geschah. Im Grunde genommen warf dieses Eindringen des Orients Schatten und Lichter auf alles, was in die Bildung allmählich einfloß und immer mehr und mehr einfließen wird, was ein neues Verständnis erfordern wird der Dinge, welche die Menschheit bis dahin in ganz anderer Weise verstanden hat."[167]

Steiner hat einerseits bezweifelt, dass nach dem Christentum eine neue Religion begründet werden könne[168] und bezeichnet den Islam als der Gegenpol zum Christentum. Zum anderen hat Steiner die islamische mohammedanische Lehre gelobt, da sie die gnostische Weisheit verbreitet hat.[169] Steiners kontroverse Haltung gegenüber dem islamischen ‚Orient' erscheint als ob er zwischen der Wesenheit Allahs und Gemütsverfassung des Islamiten an manchen Stellen seiner Vorträge unterschieden hätte. In diesem Punkt kann der politische Faktor reflektiert werden. Das Heer des osmanischen Reichs stand zwei Mal vor Wien und wollte im Namen des Islams Europa angreifen. Daher galt der ‚Orient' für die Europäer als Bedrohung. Trotz all seiner differenzierten Aussagen über den Islam kann eine Vorstellung über jenen ausgelöst werden. Die Urweisheit des ‚Orients' ist die Weisheit, die von den ‚orientalischen' Urkulturen übermittelt worden sei.[170] In seiner anthroposophischen Lehre hat er von geistigen Fähigkeiten, Wesenheiten gesprochen, die von einer hellseherischen Wissenschaftlichkeit beeinflusst seien.[171] Des Weiteren kann eine korrespondierende Beziehung in seiner Schrift erahnt werden, die als eine ‚orient-okzidentale Synthese' zu interpretieren ist, indem er zwischen ‚orientalischen' und ‚okzidentalen' Denkweisen unterscheidet.[172] Diese wesentlichen Denkungsweisen seien für eine erkenntnisreiche hellsehende beziehungsweise hellfühlende Erfahrung gegenüber übersinnlichen und sinnlichen, geistigen und leiblichen Welten notwendig.[173]

Außerdem mit Steiner zu vergleichen ist die dialektische Methode, die Kandinsky aus Georg Wilhelm Friedrich Hegels philosophischer Lehre aufgenommen hat. Diese kritische, widersprüchliche Verhaltensweise gegenüber der Dialektik Hegels ist bereits bei Steiner und seinem Lehrer zu belegen.[174] Das kann bei Kandinsky durch die Termini Intuition und Rationalität[175] belegt werden und lässt sich bei Kandinsky als eine offene Dialektik beschreiben und eine Überwindung der Vollendung des Idealismus widerspiegeln. Anstatt der Schönheit der Kunst, die für Hegel „das sinnliche Scheinen der Idee“[176] ermöglicht, interessierte sich Kandinsky für das, was anhand der Korrespondenzen der Natur beziehungsweise der Kunst zu erreichen ist. Hier ist bei Kandinsky ein anderer Konnex zum Naturschönen festzustellen. Zwischen Konstruktion und Intuition ist eine Nachahmung beziehungsweise eine Parallelität der Natur zu erreichen. In Kandinskys mimetisch-konstruktiver Verhaltensweise lassen sich weitere existenzielle Dimensionen und kulturelle Kontraste interpretieren und reflektieren.

Der ‚Orient' als eine Welt der ‚Urwesenheit'

Der ‚Orient' als die Welt des ‚Unberührten' und ‚Geschichtslosen' wurde bereits von der vorigen Generation von Orientalisten konstruiert und später von den Künstlern der klassischen Moderne übernommen und dargestellt. Das kann beispielsweise bei Ingres, Jean-Léon Gérôme und Eugène Delacroix in ihren fantasiehaften Darstellungen vom ‚Orient' gesehen werden. Demgegenüber haben sich viele Künstler für das Spirituelle, Meditative, Wesentliche interessiert, die die Chiffren kultureller Formen und Rituale bilden und davon intuitiv herausgeholt werden können. In diesem Sinne sollten die Formelemente Kandinskys als vorgestellte Ideen als solche beziehungsweise als Urformen zeigen, die Gedanken und Erkenntnisse herausahnen und ein ästhetisches Verfahren anbieten können. Solche Hypothese sollte sich an eine Multiperspektivität, Mehrdeutigkeit und ein universales

Denken richten. Ähnliches kann bei Matisses Relation zur Reinheit der Farbe und seiner primitiven Vorstellung über den ‚Orient' betrachtet werden, obwohl sich die Herangehensweisen beider Künstler sehr stark unterscheiden. Anders gesagt: Während sich Matisse für eine Koinzidenz ostwestlicher traditioneller Werte interessierte, versuchte sich Kandinsky vom Verdacht einer Festklammerung bezüglich des Alten, Traditionellen zu befreien und auf die Urwesenheiten der Formen und das Verborgene zu tendieren, um eine Reform beziehungsweise innovative Kunst zu erreichen. Das Spirituelle, Ursprüngliche, Euphorie und Wissenschaftlichkeit sollten in einen neuen Sinnzusammenhang gebracht werden. Spiritualität und Wissenschaftlichkeit zeigen beispielsweise einen Nexus beziehungsweise einen wechselseitigen Prozess zwischen Ost und West auf. Dies sollte nach Kandinsky durch die musikalische beziehungsweise naturähnliche Qualität der Farbe und der geometrischen Formen ermöglicht werden. Beschränken wir uns auf die kulturelle Dimension, stellen wir fest, dass Kandinsky sowohl die vorislamischen als auch die islamischen Formen, Zeichen, Arabesken als primitiv und außerkünstlerisch angesehen hat, die trotz ihrer oberflächlichen Schönheiten, die noch gewisse Kräfte und Ursprünglichkeit beinhalten, von ihren traditionellen Zusammenhängen und vergangenen religiösen Ritualen befreit werden sollten. Dieses Streben nach dem Ursprünglichen hat sein Kollege Franz Marc bestätigt, indem er das Konzept seines Buches als „die neueste malerische Bewegung in Frankreich, Deutschland und Russland und zeigt ihre feinen Verbindungsfäden mit der Gotik und den Primitiven, mit Afrika und dem großen Orient, mit der so ausdrucksstarken ursprünglichen Volkskunst und Kinderkunst.“[177] beschrieb. An dieser Stelle lässt sich fragen, ob Kandinsky von fremden Artefakten eine kreative Einfachheit bewusst aufgenommen hat oder dies mittelbar aus den Erinnerungsschichten beziehungsweise als Reminiszenzen in seine Kunstwerke eingeflossen ist?

Abstraktionen und Orientalismus

Durch die Ähnlichkeiten zwischen den Artefakten lässt sich entnehmen, dass die islamischen ‚orientalischen‘ Erzeugnisse von den Künstlern der klassischen Moderne in vielen Fällen mimetisch aufgenommen worden sind. Sie wurden auch innerlich nachgeahmt, indem die Kunstwerke beider Künstler im Vergleich zur Ornamentik mehr oder weniger mit dem Begriff Spiritualität zu tun haben. Auf der anderen Seite haben sich Picasso und Kandinsky nach einem neuen religiösen Sinn anstatt nach religiöser Symbolik und Mystik gesehnt. Malraux hat einmal von Picasso gesagt: „Er ist besessen von etwas Sakralem, das er nicht kennt“.[178] Einerseits haben sich die Künstler für eine gewisse Ethik interessiert. Andererseits waren die Künstler durch ihre Interessen an ästhetischen Innovationen radikal orientiert, sodass sie Kontexte und Zusammenhänge außerwestlicher Artefakte verblendet und mit ihrer eigenen Kreativität verbunden haben.[179] Dieses Phänomen lässt sich mit den Problemen des *„Primitivismus“* und *„Orientalismus“* der damaligen Zeit betrachten. Solche Termini müssen weiter befragt werden, indem es sich vor allem im 19. Jahrhundert um eine Orientalisierung des islamischen Kulturraumes handelte, die sich nicht nur durch die Bilder der romantischen Orientalisten[180] ausdrücken ließ. ‚Der Orient‘ ist eine Konstruktion, die von der westlichen Kultur gebildet wurde. Es ist vor allem der konstruktive Charakter, der dazu führte, dass ein kritischer

Diskurs über den Begriff geführt wurde. Geprägt wurde diese kritische Auseinandersetzung von Edward Said[181], der den Gegenstand dekonstruktivistisch – im Sinne postkolonialer Theorien – analysierte. Aus dieser kritischen Analyse heraus leitete Said schließlich den Begriff des sog. Orientalismus ab, welcher im Kernpunkt von einem „orientalisierten islamischen Weltraum" ausgeht. Der (Begriff) *Orientalismus* sollte auch die westliche Vorstellung gegenüber dem Orient beschreiben und kritisieren[182]. Als fremd, statisch, geschichtslos, rückständig und verwildert und zugleich fantastisch, geheimnisvoll, romantisch und exotisch galt der Orient für den Westen.[183] Eduard Said drückte es so aus: „Während der Westen Träger von Zivilisation ist, ist der Orient ein Ort der Exotik und der Bedrohung".[184] Eine solche Vorstellung zeigt sich auch in den Abstraktionen und reinen Formen von Picassos, Kandinskys und den Werken ihrer Zeitgenossen, indem sie nahöstliche Erzeugnisse als „Nicht-Kunst" und „Zufälligkeiten" betrachteten und reflektierten. Picasso hatte fast kein literarisches Werk, wo sich seine Haltung gegenüber dem islamischen Kulturraum analysieren lässt. Auf der anderen Seite muss an dieser Stelle wiederholt werden, dass Picasso die Kritiker sehr provoziert hat, indem er sie bezüglich außerwestlicher Einflüsse irritierte. Es lassen sich aber nur anhand von Bildern politische Haltungen entschlüsseln. Picasso könnte beispielsweise in den Linienführungen kalligraphischer mittelalterlicher Künste genauso wie mit den afrikanischen Masken eine uralte ursprüngliche Kreativität und Sakralität gefunden haben. Als ineinandergesetzte differenzierte Kunstformen und Kräfte können Picassos und Kandinskys Werke interpretiert werden, wo sich unterschiedliche Eigenschaften verschiedener Kulturen treffen. In den abstrakten Elementen beider Künstler sind Koinzidenzen zu empfinden (z.B. Spiritualität und Symbollosigkeit, Ursprünglichkeit und Innovation etc.). Auf der anderen Seite sind die aufgenommenen fremden Artefakte nicht als eine Aufwertung oder eine Dialektik von den beiden Künstlern anerkannt worden, sondern als ihre eigenen weiterentwickelten Formen, die von irrationalen Kontexten vergangener ethnischer, primitiver Völker befreit werden sollten. In diesem Sinn ist eine solche avantgardistisch kalkulierte Verhaltensweise als ideologisch und als eurozentristisch zu empfinden. Vorgestellte religiöse Ideen sind nach Erachten des Verfassers der vorliegenden Arbeit zu unvermischten primitiven und naturähnlichen Urformen umgeschrieben worden.

Neo-Primitivismus

Bei Künstlern wie Matisse und Picasso kann ein primitives Streben thematisch und charakteristisch erkannt und angenommen werden. Beispielsweise können bei ihnen Menschendarstellungen gefunden werden, die in einer primitiven Art und Weise dargestellt sind. Ihre Werke zeigen eine Sehnsucht moderner Gesellschaften nach einfacher primitiver Lebensweise.[185] Kandinsky hat jedoch auf die Gegenständlichkeit verzichtet und sich an einer uralten verborgenen Einfachheit und geistigen Kräften orientiert, die anhand von Abstraktionen ausgedrückt beziehungsweise nachgeahmt werden könnten. Was seine Kunstwerke im Gegensatz zu seinen Schriften zeigen, ist als sein mimetisches Verhalten gegenüber den von ihm als primitiv angesehenen Formen von Objekten fremder Kulturen zu identifizieren. Der avantgardistische Künstler hat beispielsweise Symbolik, Ornamentik, Kalligrafie, alte Schriftsprachen und traditionelle Artefakte negiert und als minderwertig bezeichnet, obwohl sie sich mit seinem Werk als Deszendenzen spüren und ahnen lassen. Das gilt auch für das Primitive, das einerseits von fremden Künsten importiert und adaptiert worden ist und das er zugleich als zufällig delegiert hat. In seinen Schriften taucht daher das Wort ‚primitiv' an mehreren Stellen als fraglich auf. Kandinsky betont im Jahr 1912: „So entstand teilweise unsere Sympathie, unser Verständnis, unsere innere Verwandtschaft mit den Primitiven. Ebenso wie wir, suchten diese reinen Künstler nur das Innerlich-Wesentliche in ihren Werken zu bringen, wobei der Verzicht auf äußerliche Zufälligkeit von selbst entstand."[186] Die Schriften Kandinskys heben das Primitive als das Unverfälschte, Ursprüngliche, Urelementare hervor, die eine Spur des Geistigen und dessen Heiterkeit vermitteln sollen. Wesen und Innerlichkeit können durch reine Formen ausgedrückt werden. Archaische Künste, Rituale und Primitivität fremder Kulturen sind eine Art kreativer Kräfte und urreligiöser Praktiken, die anhand der abstrakten Kunst vernünftig gezähmt werden sollten. Wie oben erläutert, gab Kandinsky die *‚mimetisch-rationale'* Vorgehensweise als Rezept, mit deren Hilfe solche Blindheiten und archaische einfache Formen naturähnlich konstruiert und transformiert werden können.

In der Hinsicht dieses Zusammenhangs ist *Primitivismus* bei Kandinsky als die aus den fremden Schriften und künstlerischen Erzeugnissen adaptierte Einfachheit zu verstehen. Kandinsky war in einer Zeit der metaphysischen Obdachlosigkeit auf der Suche nach einer neuen Religion beziehungsweise neuen Meditationen, einer neuen Moral und einem neuen Kulturbegriff. Durch eine Qualität des Primitiven, Ursprünglichen, Urreligiösen und Reinen sollte ein neuer Anfang beziehungsweise eine neue Kultur vom Nullpunkt geschaffen werden. Die Kunst könnte nach Kandinsky eine Bildung, die vorausahnend auf die neoprimitive Zukunft gerichtet ist, potenzialisieren. Solches tendierte primitive Prinzip hat Kandinsky als *‚unkulturell'* in seinem Buch bezeichnet und konzipiert[187], indem eine Beschränktheit eines traditionellen Begriffs der Kultur und nationalistische Ideologien westlicher Kulturen überwunden werden sollten. Die ‚innere Notwendigkeit' des Kunstobjektes sei nach Kandinsky der einzige Weg, mit deren Hilfe das ursprüngliche Wesen objektiviert und eine neue Genesis synthetischer Disziplin beziehungsweise transdisziplinärer Sinnzusammenhänge garantiert werden könnten. Das heißt: Die Welt sollte neu transzendiert werden, wobei die Kunst diese spirituelle Rolle übernehmen sollte. Rationalität und kontemplative Wahrnehmung können durch eine gewisse Parallelität zur Natur erreicht werden. Wie die Natur geistig und materiell entsteht, kann anhand der abstrakten Kunst intuitiv-konstruktiv nachgeahmt werden. In diesem Habitus kann im Sinne Kandinskys eine zukünftige Kultur vorhergeahnt werden.

Fazit

Was nutzt uns solche Entdeckung heute?

Bekannt waren die Künstler der klassischen Moderne für ihr unaufhaltsames Streben nach dem Innovativen. Es wurde zum Beispiel von neuen Stilen, neuen Kunstrichtungen und neuen Bilderscheinungen gesprochen. Daher waren fremde Artefakte eine Chance, solche Innovationen zu erreichen. Das heißt, dass das Importieren des Fremden bewusst geschah, um das Neue zu erreichen. Intuitiv waren aber die *transkulturellen* Perspektiven, mit denen die Resultate der Werke beendet worden sind. Die Künstler der klassischen Moderne griffen bewusst oder unbewusst kulturelle Strömungen wie Primitivismus, Orientalismus oder Japonismus auf.[188] Am Beispiel Kandinskys lässt sich exemplarisch zeigen, wie solche Einflüsse in den künstlerischen Ausdruck eingingen – auch wenn in seinen theoretischen Schriften interkulturelle Bezüge kaum thematisiert werden. Sein Werk sollte daher unabhängig von diesen Schriften betrachtet und im Kontext jener kulturellen Phänomene des frühen 20. Jahrhunderts analysiert werden. Das Kunstwerk ist auch nach Kandinsky als „Kind seiner Zeit“ beschrieben.[189] Seine Beschreibung steht in Zusammenhang mit dem neuen rätselhaften naturwissenschaftlichen Weltbild. Dieses hat beispielsweise in der damaligen Zeit plötzlich Fragen ausgelöst: Ist die Rede noch von einem naturwissenschaftlichen Erkennen und von einem bodenfesten materialistischen Weltbild, das von der Erfahrung gewonnen wird, oder von einem physikalischen Weltbild, das spekulativ wie ein metaphysisches Weltbild vorgestellt werden kann? Dieser Zweifel und das

Gefühl einer Bodenlosigkeit lassen sich in seinen absoluten aufgelösten Abstraktionen widerspiegeln und gelten als ein Grund, weshalb sich Kandinsky auf die sogenannte Welt der Weisheit beziehungsweise auf den ,Orient' als eine notwendige Welt gegenüber der materialistischen Krise des ,Okzidents' bezogen hat.

Anders formuliert: In den Kunstwerken der Künstler der klassischen Moderne tritt oft mehr zutage, als sie bewusst beabsichtigt hatten. Ihre Intuition, Erinnerungen und ihr erworbenes Wissen überschreiten die reine künstlerische Intention. Existenzielle Fragen, Ängste und Sehnsüchte finden so unweigerlich Eingang in ihre Werke, auch wenn viele dieser Künstler solche persönlichen Einflüsse und Bezüge bewusst zu verbergen oder zu verschweigen suchten. Ihre permanente Beschäftigung mit dem ,orientalischen' Kulturraum könnte doch als eine Suche nach einer neuen Synthese wahrgenommen werden. Joseph Beuys hat zum Beispiel später auf die existenziellen Dimensionen des Kunstwerkes (Geist und Materie, Vergangenheit und Zukunft beziehungsweise Ost und West) in seinen künstlerischen Experimenten tendiert,[190] die bereits bei Kandinsky anhand seiner Form- und Farbenlehre zu belegen sind. Zwischen Kandinskys und Beuys' künstlerischen Haltungen gibt es eine Vergleichbarkeit. Das Geistige und Materielle, Vergangene und Zukünftige sind die existenziellen Dimensionen des Kunstwerkes, wo der ,Orient' (als die Welt der Religionen) und der ,Okzident' (als die Welt der Wissenschaftlichkeit) interpretiert werden können, die mithilfe der Kunst mimetisch-rational aktualisiert beziehungsweise synthetisiert werden sollten. Aber während Kandinsky seine Bezüge, sowie jede Verbindung mit vergangenen beziehungsweise alten fremden Traditionen, mit der gegenständlichen Welt vermieden hat, werden sie bei Beuys künstlerisch-philosophisch hervorgehoben und intuitiv-rational in eine dialektische Beziehung gesetzt. Obwohl Kandinsky seine Kunst ganz autonom und in der Sphäre des Transzendentalen und Reinen bewahren wollte, können seine östliche Einflüsse und ästhetischen Erfahrungen im Osten als Reminiszenzen geahnt und reflektiert werden. Dieser ‚*Blickwechsel*'[191] und die *transkulturelle* Perspektive könnten durch sein Streben nach dem Primitiven mittelbar erreicht beziehungsweise transformiert worden sein. Das heißt, in den Bildern und hinter ihren selbstverständlichen reinen kulturellen westlichen oder östlichen Erscheinungen gibt es doch interkulturelle Dimensionen, die entziffert beziehungsweise untermauert werden sollten. Kehren wir auf die Kunstwerke Kandinskys zurück, finden wir, dass sie fremde Beeinflussungen und interkulturelle Inhalte konserviert haben. Sie befinden sich in Bewegung und Prozessen und versuchen, uns transkulturelle Konzeptionen zu geben, die heutzutage für ‚kulturelle Gerechtigkeit', politisierte und eindimensionalisierte Inhalte und daher für befragende Haltungen und Verständnisse gegenüber dem Fremden und Eigenen relevant sind.

Auf die interkulturelle Dimension westlicher Kunstgeschichte beschränkt lässt sich daher festhalten, dass es sich um eine mangelhafte Fairness gegenüber außerwestlichen Kulturen handelt. Solche Verhaltensweisen beider Künstler sind als kontrovers anzusehen, indem sie außerwestliche Einflüsse negiert, zugleich jedoch aufgenommen und verschleiert haben. Westliche abstrakte Kunst verschweigt in diesem Sinne interkulturelle Dimensionen, die in sich doch die Definition heterogener Kultur tragen. Zwiespältige Haltungen können anhand solcher Kunstwerke diskurriert und hinterfragt werden, damit eine Vorstellung einer kulturellen Reinheit, die als Ersatz von früheren rassistischen Ideen und von kritischen konservativen Denkmustern wahrzunehmen ist, kritisch beurteilt werden kann. Hinter Bildern verbergen sich die Blicke ihrer Schaffenden und ihrer Zeit. Vergangene Denkfehler können heute anhand solcher Bilder konstatiert bzw. vermieden werden. Kulturen sind so wie die oben gezeigten Dekonstruktionen als multihorizontale Mischwelten zu betrachten, an denen schon das Fremde teilhat.

Abbildungsnachweise

(Abb. 1) *Islamische Ornamentik,* Wandpartie, Meknes-Marokko, 14. Jahrhundert. Doris Behrens-Abouseif: Schönheit in der Arabischen Kultur, München, 1998.

(Abb. 2) Ein Auschnitt von (Abb. 1), ebd.

(Abb. 3) Diagramm, *Platons Anamnesis*, Georg Römpp. Platon. Böhlau 2008.

(Abb. 4) *Al-Birunis Illustration einer Mondfinsternis* (Aus seinem Buch „kitab altafhim"), auf: wikipedia.orgl, aufrufbar unter: https://de.wikipedia.org/wiki/Al-B%C4%ABr%C5%ABn%C4%AB#/media/Datei:Lunar_eclipse_al-Biruni.jpg (abgerufen am 30.07.2021).

(Abb. 5) Pablo Picasso, *Studienblatt Adler und Eulen*, 1907, Tusche auf Papier, 22 x 17.6. Z.XXXVI, 182; LDA Vol. 1, carnet n 7, 51R; Krugier 1987, 49. The Picasso Project (2014). Picasso's Paintings, Watercolors, Drawings and Sculpture, The african Period – 1907-1909, San Francisco.

(Abb. 6) Pablo Picasso, *Hund,* Zeichnung, 1918, Bleistift, 12.8 x 11.1 cm, Musee Picasso Paris. The Picasso Project (1995). Picasso's Paintings, Watercolors, Drawings and Sculpture, From Cubism to Neoclassicism – 1917-1919, San Francisco.

(Abb. 7) Pablo Picasso, *Skizzen für Illustrationen für ein vorgeschlagenes Bestiarium von Guillaume Apollinaire,* 1907, Tinte auf Papier, 26 x 20.5, Z.XXXVI, 176; Max Jacob et Picasso, 73. The Picasso Project (2014). Picasso's Paintings, Watercolors, Drawings and Sculpture, The african Period – 1907-1909, San Francisco.

(Abb. 8) *Islamische Thuluth-Schrift, basmala von Ismael Zuhdi* (Ein Ausschnitt), 1798. Blair, S. (2008). Islamic Caliigraphy. Edinburgh University Press.

(Abb. 9) *Der Kalif 'Alīdriving das Kamel mit seinem Sohn mit seinen Söhnen Ḥasan und Ḥusaynin Schlepptau,* Anonyme Alevī-Bektashī-Kalligraphie, Türkei, 19. Jahrhundert. Schick, I. K. (2012). The Content of Form: Islamic Calligraphy between Text and Representation. Washington, D.C.: Dumbarton Oaks Research Libraryand Collection, aufrufbar unter: https://www.academia.edu/-27184827/_The_Content_of_Form_Islamic_Calligraphy_between_Text_and_Representation _(abgerufen am 08.06.2020).

(Abb. 10) *Kalligraphie in Form eines Wiedehopfes „Im Namen des Barmherzigen",* Unbekannt, 17. Jahrhundert. 187 x 171 cm, Papier, Tusche, Museum für islamische Kunst, Staatliche Museen zu Berlin, aufrufbar unter: https://artsandculture.google.com/asset-/calligraphy-in-the-shape-of-a-hoopoe-bismillah-ar-rahman-ar-rahim-in-the-name-of-god-most-gracious-most-merciful-unknown-/_gGKRWrrKgnFMA?hl=de (abgerufen am 08.06.2020).

(Abb. 11) Wassily Kandinsky, *Bewegungen,* 1924, Aquarell und Tusche auf Papier, 33,7 x 47,3 cm, London, Christie's, aufrufbar unter: http://www.kandinskywassily.de/werk-457.php (abgerufen am 08.06.2020).

(Abb. 12) Wassily Kandinsky, *Linien aus seinem Buch Punkt und Linie zu Fläche,* 1926, Druckgrafiken. Kandinsky (1955), W. Max Bill (Hrsg.): Punkt und Linie zu Fläche.

(Abb. 13) *Islamische Kalligraphie:Nachkalligraphie,* Die Orig. wurde von Ahmad Karahisari (1468-1556) für Sultan Sulayman verfasst, die Begriffe al-hamad, al-wali, al-hamad (Attribute Gottes). Mosalsal-Schrift in Thulut –Buchstaben im gulzar-Stil, 1547. Mandel, G. (2013): Gemalte Gottesworte, Wiesbaden. Die Orig. kann im folg. Qu. gefunden werden: Scheila S. Blair, Islamic Caliigraphy, Edinburgh University Press (2008).

(Abb. 14) *Islamische Kalligraphie,* Der Diwani-Stil war ein formeller Kalligraphiestil des osmanischen Hofes und wurde für die wichtigsten Dokumente wie das diplomatische Dekret (Ferman) und die Rechtsdokumente (Berat) verwendet, wahrscheinlich 17. Jahrhundert, aufrufbar unter: http://guity-novin.blogspot.com/-2010/02/chapter-4-islamic-calligraphy.html (abgerufen am 08.06.2020).

(Abb. 15) *Die Namen der Kalifen Abū Bakr und Umar stehen zwischen den Kapiteln,* Anonymous Ottoman devotionalmanuscript, neunzehntes Jahrhundert, Türkei.Private Sammlung. Irvin Kemil Schick, I. K. (2012). The Content of Form. Islamic Calligraphy between Text and Representation. Washington, D.C.: Dumbarton Oaks Research Libraryand Collection, aufrufbar unter: https://-www.academia.edu/27184827/_The_Content_of_Form_Islamic-_Calligraphy_between_Text_and_Representation_ (abgerufen am 08.06.2020).

(Abb. 16) Wassily Kandinsky, *Arabische Kalligraphie (Skizzenbuch von der Tunis-Reise),* 1905, Bleistift auf Papier, 16,5 x 11 cm, städtische Galerie im Lenbachhaus, München. Zweite, A. (1982): Kandinsky und München: Begegnungen und Wandlungen 1896–1914, München.

(Abb. 17): Paul Klee, *Pathetische Lösung*, Haus der Kunst: Paul Klee 1879–1940. München 1971.

(Abb. 18) August Macke, *Kalligraphische Zeichen (II),* aufrufbar unter: http://www.zeno.org/Kunstwerke/B/Macke,+August%3A-+Kalligraphische+Zeichen+(II) (abgerufen am 29.06.2022).

(Abb. 19) Paul Klee, *Insula dulcamara,* Ölfarben auf Jute, 80 x 175 cm, 1938, Klee-Stiftung, Bern. Grohmann, W. (1977): Der Maler Paul Klee, Köln.

(Abb. 20): Siyah Mashq, *Übungsblatt,* 1600, Tusche auf Papier, 30,9 x 47, 2 cm, Persian-Washington (D.C.), aufrufbar unter:

https://commons.wikimedia.org/wiki/Category:Siyah_Mashq#/-media/File:Siyah_Mashq_WDL6825.png (abgerufen am 29.06.2022).

(Abb. 21): Wassily Kandinsky, *Zarte Bagatellen,* 1937 Aquarell und Öl auf Leinwand, 60 × 25 cm, Paris: Will Grohmann, Wassily Kandinsky. Leben und Werk, Köln 1958.

(Abb. 22): Wassily Kandinsky, *Aufeinanderfolge,* 1935, Öl auf Leinwand, 81 × 100 cm, The Phillips Gallery, Washington: Will Grohmann, Wassily Kandinsky. Leben und Werk, Köln 1958.

(Abb. 23): *Der Tempel von Dendera*: Foto © M Ali Maki.

(Abb. 24): *Der Tempel von Dendera* (Ausschnitt): Foto © M Ali Maki.

(Abb. 25): *Ägyptische Spielschattenfiguren Eine Barke mit zwei Männern,* 14–16 Jahrhundert, 41 × 56,5 cm, von Paul Kahle 1909 erworben. Linden Museum, Stuttgart: Der Almanach „Der Blaue Reiter". Bilder und Bildwerke im Originalen, hrsg. von Brigitte Salmen, Murnau 1998.

(Abb. 26): *Ägyptische Spielschattenfiguren Ein Pferd mit Reiter,* 14.–16. Jahrhundert, 73,5 × 75,4 cm, von Paul Kahle 1909 erworben, Linden Museum, Stuttgart: Der Almanach „Der Blaue Reiter", Bilder und Bildwerke im Originalen, hrsg. von Brigitte Salmen, Murnau 1998.

(Abb. 27): Wassily Kandinsky, *Geflecht,* 1927, Öl auf Leinwand, 50 × 70 cm. Paris: Will Grohmann, Wassily Kandinsky. Leben und Werk, Köln 1958.

(Abb. 28): Wassily Kandinsky, *Der braune Aufschwung,* 1943, Tempera und Öl auf Karton, 42 × 58 cm, Zürich: Will Grohmann, Wassily Kandinsky. Leben und Werk, Köln 1958.

(Abb. 29): Henri Matisse, *Harmonie in Rot*, 1908, Öl auf Leinwand, 180 × 200 cm, Hermitage Museum, St. Petersburg: Gilles Néret, Henri Matisse, Köln 1996.

(Abb. 30): Wassily Kandinsky, *Entwurf zu Kleine Freuden*, 1913, Aquarell, 1913, 24 x 30 cm, Jan W. E. Buijs, Den Haag. Grohmann, Will: Wassily Kandinsky (Junge Kunst). Leipzig 1958.

(Abb. 31): Wassily Kandinsky, *Zeichnung zu Komposition VI*, 1913, 16,5 x 22,5 cm, N. k. Paris. Grohmann, Will: Wassily Kandinsky (Junge Kunst). Leipzig 1958.

(Abb. 32): Wassily Kandinsky, *Im hellen Oval*, 1925, Öl auf Karton, 73 x 59 cm, Museo Thyssen-Bornemisza, Madrid. Grohmann, Will: Wassily Kandinsky (Junge Kunst). Leipzig 1958.

Anmerkungen

[1] Markus Brüderlin: Ornament und Abstraktion: Kunst der Kulturen, Moderne und Gegenwart im Dialog, Köln 2001, S. 21.

[2] Auch als Buch erschienen: Vgl. Walther Ziegler: *Sartre in 60 Minuten*, Norderstedt 2015, S. 38 f.

[3] Ornament kommt aus dem lateinischen Wort *ornare* und bedeutet schmücken, Verzierung und Dekoration. *Ornare* bedeutet das einzelne Verzierungsmotiv im Unterschied zur Ornamentik, die die Summe des ornamentalen Vokabulars eines Kultur- oder Kunstkreises bzw. einer Epoche umfasst und zur Dekoration gehört, die das Ensemble aller Schmuckelemente einer Architekturfassade, eines Innenraumes, eines Möbels usw. umschließt. Die ägyptische Lotosblume ist das früheste vegetabilische ornamentale Beispiel, das sich ganz unterschiedlich ausgeprägt hat und sich später mit dieser außergewöhnlichen pflanzlichen formalen Bildung auf die griechische Palmette durch Mesopotamien verbreitet hat. Im 8. und 9. Jahrhundert waren die grundgeometrischen Formen in der griechischen Kunst zu sehen bzw. in Linie, Punkt, Zickzack, Mäander, Dreieck, Kreis ausgedrückt. In der archaischen Zeit wurde das Ornament durch den Einfluss ‚des Orients' naturalisiert, indem sich die Palmette des Akanthuso allmählich bis in die römische Zeit zu einem naturnäheren Gewächs verwandelte. Danach hat sich das Ornament eigenständig durch viele Kulturen hindurch entwickelt, zum Beispiel im ‚Altorient', in der klassischen Antike, in Nordgermanien (Gerhard Strauß bearb.), Olbrich, Harald (Hrsg.): *Das Ornament, Lexikon der Kunst, Architektur, bildende Kunst, angewandte Kunst, Industrieformgestaltung, Kunsttheorie,* Leipzig 2004, S. 649). Im Zusammenhang dieser Arbeit ist das islamische Ornament gemeint, und zwar sowohl die Kalligraphie als auch die Geometrie, die in den mittelalterlichen islamischen Architekturen und Objekten verschmolzen sind. Das islamische Ornament hat im Laufe der Zeit durch seine Funktion als Dekoration seine Bedeutung und historischen Bezüge verloren, was in dieser vorliegenden Arbeit gezielt untersucht wird, damit *ikonologisch* und *ikonographisch* damit umgegangen und entsprechend analysiert werden kann.

[4] Vgl. Syrinx Hees: „Ist die Islamische Kunst eine oberflächliche Ornamentkunst?", in: *Plurale Zeitschrift für Denkversionen*, 2001 (2002), S. 71-86.

[5] Ebd., S. 73.

[6] Ebd., S. 72.

[7] Vgl. Michael Müller: *Die Verdrängung des Ornaments, Zum Verhältnis von Architektur und Lebenspraxis*, Erstausg.,1. Aufl., Frankfurt am Main 1977, S. 118-140.

[8] Vgl. Markus Brüderlin: „*Die abstrakte Kunst des 20. Jahrhunderts oder die Fortsetzung des Ornaments mit anderen Mitteln, Die Arabeske bei Runge-Van de Velde-Kandinsky-Matisse-Kupka-Mondrian-Pollock und Taaffe*", in: *Ornament. Motiv-Modus-Bild*, hrsg. von Beyer und Spies, Paderborn 2012, S. 349–376, hier S. 349.

[9] Ebd., vgl. hierzu auch: Michael Müller 1977 (wie Anm. 7), S. 13ff.

[10] Peter J. Lu und Paul J. Steinhardt: *„Decagonal and Quasicrystalline Tilings in edieval Islamic Architecture"* [23.02.2017], auf: Science, aufrufbar unter: https://www.physics.rutgers.edu/~pchandra/physics601/Lu_Steinhardt.pdf (abgerufen am 08.04.2019).

[11] Auffällig bei manchen islamischen Ornamenten sind die *Quasi-Kristalle*. Sie wurden von dem Nobelpreisträger Daniel Shechtman 1982 entdeckt (dass die Moleküle in einem regelmäßigen kristallinen Muster angeordnet sind und sich, wie das Ornament zeigt, wiederholen), sowie von Peter Lu von der Harvard University in Cambridge im islamischen Ornament erkannt. Die Vergleichbarkeit liegt daran, dass die Schleifen und der mathematische geometrische Formalismus der neuen Physik auch keine Zeit und keinen Raum haben, sie sind selbst der Zeitraum, sie sind wissenschaftliche Vorstellungen, die ästhetisch und abstrakt visualisiert wurden (vgl. Janosch Deeg: „Die größten physikalischen Rätsel unserer Zeit", auf: Spektrum.de., aufrufbar unter: https://www.spektrum.de/wissen/die-10-groessten-physikalischen-raetsel-unserer-zeit/1315500 (abgerufen am 27.06.2019); vgl. hierzu auch: Vinzenz Schönfelder: *„Angewandte Mathematik, Das Geheimnis der Girih"*, auf: Spektrum.de, aufrufbar unter: https://www.spektrum.de/news/das-geheimnis-der-girih/866284 (abgerufen am 08.04.2019); vgl. hierzu auch: „Muster in Quasikristallen", auf: Chemie.de, aufrufbar unter: http://www.chemie.de/lexikon/Quasikristall.html (abgerufen am 28.06.2019).

[12] Ein sehr problematisches Thema in der islamischen Theologie, da im Koran nichts über ein ‚Naturalismusverbot' steht, sondern über die Idole (taswir), die als Götzenbilder und heidnische Idole zu verstehen sind, wie es im Koran steht: „O ihr Gläubigen, der Wein, das Spiel, die Idole und ihre Opfer-Pfeile sind ein Greuel/ und das Werk Satans. Deshalb meidet sie" (vgl. Robert Irwin: *Islamische Kunst*, Köln 1998, S. 14-18, hier S. 79). Skulpturen wurden für den Propheten Salamon erlaubt, indem ‚Allah' den Dschinn (übersinnliche Wesen) empfohlen hat, für Salamon Mihrabs und Skulpturen zu bauen: „Sie bauten für ihn, was er wollte, an Palästen und Statuen und Trögen […]" Saba. 13.

[13] Robert Irwin 1998 (wie Anm. 12), S. 80. Ein Hinweis noch zu Nabatäer, sie waren im heutigen Jordanien und genau in der Ruinenstätte Petra. In Syrien bzw. in der heutigen Stadt Tadmur existierte das palmyrische Reich in der Stadt Palmyra. Beide Städte wurden von dem römischen Reich erobert (vgl. Udo Hartmann: *Das palmyrenische Teilreich, (Orients und Occidents)* Band II, Stuttgart 2001; vgl. Fabio Bourbon: *Petra. Die geheimnisvolle Felsenstadt*, Köln 2004.

[14] *Kufi* ist eine kaligraphische Schriftform der arabischen Schrift und wird nach der Stadt Kufa im Irak benannt. Sie gehört zu den ältesten arabischen Schriften und wird nur kaligraphisch verwendet.

[15] Vgl. Hans Belting: *Florenz und Bagdad. Eine westöstliche Geschichte des Blicks*, München 2008, S. 128f.

[16] Zit. n. ebd., S. 128.

[17] Vgl. Martin Kirves: *Das Ornament als Erkenntnisform, Die epistemische Entwurfstheorie der South Kensington School*, Basel 2012, S. 35, aufrufbar unter: http://www.dgae.de/wp-content/uploads/2011/09/Martin_Kirves.pdf (abgerufen am 08.04.2019).

[18] Zit. n. Syrinx Hees 2001 (wie Anm. 4), S. 78.

[19] Vgl. Abdelkebir Khatibi und Mohamed Sijelmassi: *Zur Geschichte der arabischen Schrift. Die Kunst der islamischen Kalligrafie*, (übers. v. Wilhelm Höck), Köln 1995, S. 37ff.

[20] Der ‚Prophet Mohammed Ibn Abd Allah' in der islamischen Religion.

[21] *Ideographie* wird auch als Ideenschrift und Bilderschrift bezeichnet, wenn die Schriftzeichen nicht abstrakt sprachlich funktionieren, sondern als Bild, das keine gegenständliche Bezogenheit hat und mit den Ideen oder Vorstellungen verbunden werden. Es handelt sich um eine Metonymie, die durch die Schriftform und nicht durch ihre Bedeutung ausgedrückt werden konnte. Ideographie war im Mittelalter im ‚Orient' und in Ostasien metaphorisch und symbolisch durch die Schönheit und durch den Ausdruck der Kalligraphie potenzialisiert (vgl. Hadumod Bußmann (Hrsg.): Lexikon der Sprachwissenschaften, Lexikon der Sprachwissenschaft, mit 14 Tabellen, 4., durchges. und bibliogr. erg. Aufl. unter Mitarb. von Lauffer, Harmut, Stuttgart 2008. Vgl. Arne Klawitter: „Ästhetische Resonanz unlesbarer Zeichen, Die Dekonstruktion der Schrift bei Xu Bing und Axel Malik", in: *Kodex*, Jahresbuch der Internationalen Buchwissenschaftlichen Gesellschaft 3, hrsg. von Haug und Kaufmann, Wiesbaden 2013, S. 199-216, hier S. 207.

[22] Vgl. Robert Irwin 1998 (wie Anm. 12), S. 14.

[23] Zit n. Liliana Villanueva: *Islamisch geprägte städtische Plätze in Persien und Mittelasien, der Raum im Islam*, (Dissert.), Darmstadt 2009, S. 22, aufrufbar unter: http://tuprints.ulb.tu-darmstadt.de/1964/ (abgerufen am 03.07-.2019).

[24] Vgl. Doris Behrens Abouseif: *Schönheit in der arabischen Kultur*, München 1998, S. 23/24.

[25] Gott hat im Islam 99 Namen (Eigenschaften), die im Koran stehen.

[26] Vgl. Wolf Kittler und Gisela Kommerell: „Unendlicher Rapport, Maurische Muster in Turbo-Pascal", auf: Deutsches Mudeum.de, 1992, S. 41, aufrufbar unter: https://www.deutsches-museum.de/fileadmin/Content/data/Insel/Information/KT/heftarchiv/1993/17-3-38.pdf (abgerufen am 08.04.2019).

[27] Vgl. Herbert Meschkowsky: *Wandlungen des mathematischen Denkens, Eine Einführung in die Grundlagenprobleme der Mathematik*, Braunschweig 1956, S. 64.

[28] Wolf Kittler und Gisela Kommerell 1992 (wie Anm. 26), S. 41.

[29] Vgl. Markus Brüderlin 2012 (wie Anm. 8), S. 352.

[30] Hans-Thomas Gosciniak: *Kleine Geschichte der islamischen Kunst*, Köln 1991, S. 24.

[31] Vgl. Friedrich Dieterici: *Die Philosophie bei den Arabern im X. Jahrhundert n. Chr., Gesamtdarstellung, und Quellenwerke*, 2. Mikrokosmus,

Reprogr. Nachdr. der Ausg., Leipzig 1879, Hildesheim 1969, S. XIX.

[32] Vgl. Gert Hendrich: *Arabisch-islamische Philosophie. Geschichte und Gegenwart*, 2. aktualisierte Aufl., Frankfurt am Main u.a. 2011, S. 75.

[33] Vgl. Friedrich-Heinrich Dieterici: *Die Philosophie bei den Arabern im X. Jahrhundert, die Lehre von der Weltseele bei den Arabern im X. Jahrhundert*, Hildesheim, Olms 1969, S. 27ff.

[34] Ebd., S. 27-37.

[35] Die Schönheit im islamischen Mittelalter: Schönheit, Harmonie und eine Ausgeglichenheit des Universums, die schöne ‚Seele', das Licht und die unwirklichen Dimensionen gelten als Symbole für Gott-‚Allah'. „Gott ist schön und liebt die Schönheit", hat ‚der Prophet' Mohammed gesagt. Durch die Geometrie und die ornamentale Kalligraphie werden die kosmische Harmonie und eine gewisse Ausgeglichenheit der göttlichen Kräfte in der Natur symbolisiert, und durch die geometrischen Ornamente sind das Wesen und die Schönheit des Daseins ausgedrückt. Mit anderen Worten stellen die islamischen Ornamente durch ihr Verschweigen, aber auch durch ihre permanenten linearen Bewegungen und Harmonien sowie durch ihre Ausgeglichenheit den unsichtbaren Gott dar.

[36] Syrinx Hees 2001 (wie Anm. 4), S. 71.

[37] Vgl. hierzu Lorenz Korn: *Geschichte der islamischen Kunst*, Orig.-Ausg., München 2008, S. 8.

[38] Man kann auch Gottes 99 schönste Namen sagen.

[39] Im Koran wird ‚Paradies' in Plural erwähnt und beschrieben und hat mehrere Namen, zum Beispiel ‚Jannat Adn', ‚Jannat alferdaus' und so weiter.

[40] *Hadeth*: Alles was nachgewiesen ist, ist, dass es von dem Propheten Mohammed gesagt wurde.

[41] Zit. n. Liliana Villanueva 2009 (wie Anm. 23), S. 33.

[42] Koran: Sure 43, 71.

[43] Ebd.

[44] Vgl. Burchard Brentjes: *Die Kunst der Mauren, Islamische Traditionen in Nordafrika und Südspanien*, Erstveröff., Köln 1992, S. 182.

[45] Ebd., S. 36.

[46] Vgl. Muhammed Al- Ġazzali: *Der Erretter aus dem Irrtum*, Hamburg 1988, S. XVI.

[47] Vgl. Susanne Diwald: *Arabische Philosophie und Wissenschaft in der Enzyklopädie, Kitāb Ihwān aṣ-ṣafā 3., Die Lehre von Seele und Intellekt*, Wiesbaden 1975, S. 1. Vgl. Iona Opelt: *Griechische Philosophie bei den Arabern*, München 1970, S. 9.

[48] Vgl. Ebd., hierzu auch: Franz Risenthal: *Das Fortleben der Antike im Islam*, Zürich u.a. 1965, S. 13-41; hierzu auch: Iona Opelt 1970 (wie Anm. 47), S. 9f; hierzu auch: Lorenz Korn 2008 (wie Anm. 37), S. 9ff.

[49] Auf der einen Seite standen die Philosophie und die menschliche Vernunft und deren Verbindung mit der islamischen Religion und Metaphysik *Al Mu'taziliten*, auf der anderen Seite bestand die Meinung, dass Gottes Wort wörtlich behandelt und verstanden werden müsse und es keinen Raum für fremde Wissenschaften und für eine rationale Umgehensweise mit den

heiligen Texten (Orthodoxie) gebe. Die *Mutazila* war eine philosophische theologische Strömung, die zwischen dem 9. und 11. Jahrhundert entstanden ist und die islamische Blüte des Mittelalters in Bagdad, Damaskus, Basra und Spanien bestimmt hat. Diese theologische Richtung war von der griechischen Philosophie sehr stark beeinflusst. Hauptsächlich war ihr Ziel, dass die Rationalität und die Wissenschaft als Teil der Religion und der islamischen Gesellschaft anerkannt werden müssten. Göttliche Wahrheiten wollte sie durch die Wissenschaft und Philosophie belegen. Sie hatte außerdem aufgeklärte Gedanken, da bei ihr der Mensch und seine Willensfreiheit im Vordergrund ihrer Lehre standen. Die *mu'tazilitischen* Gedanken sind bis heute umstritten, sie sind aber von vielen Theologen und religiösen Wissenschaftlern, vor allem von schiitischen Kreisen, wiederbelebt worden (vgl. Iona Opelt 1970 (wie Anm. 47), S. 17-26).

[50] „Demgemäß finden die Übertragungsbemühungen aus der östlich-griechischen Kultur im 765 n. Chr. gegründeten Bagdad ihren glänzenden Höhepunkt, indem zunächst die Khalifen AL-Mansur (754–775 n. Chr.) und Al-Raschid (786–805 n. Chr.) am Hofe die Sammlungs- und Übersetzungstätigkeit fördern und der Khalif Al-Mamun (813–833 n. Chr.) im Jahre 832 ein ‚Haus der Weisheit' unter der Leitung von Yahya ibn Masuyeh (777-857 n. Chr.) und dann des Nestorianers Hunayn ibn Ishaq (809–873 n. Chr.) einrichtete, in dem eine große Übersetzungswerkstatt eine Terminologie für Philosophie und Theologie auf Arabisch ausarbeitete und Aristoteles' Schulschriften sowie die wichtigsten hellenistischen Aristoteleskommentare in Angriff nahm, bis fast das gesamte heute bekannte Schulwerk des Aristoteles und die wichtigsten Kommentare Alexander von Aphrodisias (circa 2. Jahrhundert n. Chr.), Johannes Philoponos (circa 6. Jahrhundert n. Chr.), Themistios (circa 4. Jahrhundert n. Chr.), Porphyrios, Simplikios) auf Arabisch vorlagen. Entsprechend der synkritischen Tradition, die übernommen wurde, sind dabei auch eine Fülle von fälschlich dem Aristoteles zugeschriebenen neuplatonischen und arkanwissenschaftlichen Werke einbezogen worden: eine pseudo-aristotelische ‚Theologie', die auf Plotins Enneaden zurückgeht, ein Nachweis der Übereinstimmung zwischen Platon und Aristoteles aus der Hand des Dionysos Areopagita, das Liber de pomo, in dem sich ein sterbender Aristoteles zur Platonischen Lehre von der Unsterblichkeit der Seele bekennt, wie sie im Phaidon vorgetragen wird, sowie ein nicht weniger neuplatonisches, von Proklos inspiriertes Liber de Bono (auch bekannt Liber de Causis). Daneben stehen noch eine ganze Reihe von magisch, alchemistisch oder astrologisch ausgerichteten Schriften über die sogenannten „natürlichen Eigenschaften der Dinge", die schon im Späthellenismus fälschlich griechischen Klassikern wie Platon, Plutarch, Ptolemaios oder Pythagoras zugeschrieben worden waren. [...] Am Abbasidenhof und in der nach dem Vorbild der hellenistischen Reiche geschaffenen Bibliothek von Bagdad wurde mit der Machtübernahme der persischen Barmakiden (752–804 n. Chr.) daneben die Rezeption der persischen Astronomie und Astrologie intensiviert, mitsamt der inzwischen von ihr aufgenommenen

‚ostgriechischen' Überlieferungsinhalte. Eine neue Stufe erreicht diese Organisierte intellektuelle Tätigkeit dann schließlich unter dem seldschukischen Wezir Nizam al-Molk (1018-1092 n. Chr.), der mit der ‚Madrasa Nizamiya' in Bagdad und in einer großen Schule in Nishapur so etwas wie die ersten Universitäten gründet. In diesen wurde dann der inzwischen hegemonial gewordene Asharismus als neue offizielle Philosophie des Abbasidenreiches gelehrt." Frieder Otto Wolf: *Ohne die islamische Philosophie hätte es weder Scholastik noch Aufklärung geben können!*, S. 9/10; vgl. Lennart J. Berggren: *Mathematik im mittelalterlichen Islam*, Berlin u.a. 2011, S. 78ff.

[51] Abu Djafar Mohammad Ibn Musa Al-Kawarizmi (780–850 n. Chr.), wurde in Persien geboren. Über Al-Kawarizmi vgl. Yousefi, Hamid-Reza: *Einführung in die islamische Philosophie, Die Geschichte des Denkens von den Anfängen bis zur Gegenwart*, 1. Aufl., Paderborn 2014, S. 45ff.

[52] Al Farabi, A.N.M.: *Über die Wissenschaften*, (nach der lateinischen Übers. Gerhards von Cremona; lateinisch-deutsch = De scientiis), Hamburg 2008, S. XXIII.

[53] Der Begriff *Göttliche Wissenschaft* wurde von dem islamischen Philosophen und Mystiker AL-Farabi für mathematische, astronomische, geometrische Wissenschaften verwendet, welche im theoretischen Bereich bleiben.

[54] Vgl. Lennart J. Berggren 2011 (wie Anm. 50), S. 78.

[55] Ebd., S. 99.

[56] Arthur C. Danto: *Wege zur Welt, Grundbegriffe der Philosophie*, München 1999, S. 150.

[57] Zit. n. Walter Heitler: *Naturphilosophische Streifzüge*, Vorträge und Aufsätze, Braunschweig 1970, S. 83.

[58] Zit. n. Donald Kuspit: *Der Kult vom Avantgarde-Künstler*, Klagenfurt 1995, S. 88.

[59] Norbert Froese: *Platon, Mathematik, Ideenlehre und totalitäre Staatsutopien, Eine kritische Einführung in Platons Werk*, (o.O.), 2018, unter, https-://www.antike-griechische.de/Platon.pdf (abgerufen am 08.04.2019).

[60] Vgl. Georg Römpp: Platon, Köln [u.a.] 2008, S. 51ff.

[61] Vgl. Manuel Schölles: Warum gibt es überhaupt Vieles und nicht nur Eines? Archytas und die Pluralität des Seins, Heidelberg 2015, S. 14ff.

[62] Norbert Froese 2018 (wie Anm. 59), S. 18. Wolfgang Röd schreibt: „Die Seele durchläuft dieser Lehre zufolge eine Reihe von Verkörperungen, bis es ihr gelingt, sich von allen Einflüssen der Körperlichkeit zu lösen, d.h. den Kreislauf der Geburten […] zu durchbrechen und in die Region des Göttlichen zurückzukehren. Das Schicksal der Seele des moralisch Höherstehenden wird in einer höheren Daseinsform wiedergeboren; die Seele des moralisch Minderwertigen steigt zu niederen Daseinsformen ab. Die Reinigung der Seele, die die Erlösung aus dem Kreis der Wiedergeburt sichern soll, erfolgt durch eine asketische Lebensweise und durch wissenschaftliche Bemühungen." Zit. n. Ebd., S. 18.

[63] Max Müller (Hrsg.): Herders kleines philosophisches Wörterbuch, Freiburg 1962, S. 5/6.

[64] Vgl. Ebd.
[65] Christian Schäfer (Hrsg.): Platon-Lexikon, Begriffswörterbuch zu *Platon und der platonischen Tradition*, Darmstadt 2007, S. 330.
[66] Vgl. Georg Römpp 2008 (wie Anm. 60), S. 22ff.
[67] Ebd., S. 25ff.
[68] Ebd.
[69] Ebd.
[70] Ebd.
[71] Friedrich G.W. Hegel: *Vorlesungen über Ästhetik I (1832-45)*, Frankfurt am Main 1970, S. 141/142.
[72] Vgl. Hussen Al ssediq: *Die Philosophie der Schönheit und von Kunst Angelegenheiten bei Abo Hayan Al Tawhidi*, Demaskus 2003, S. 181, aufrufbar unter: http://www.univ-tebessa.dz/fichiers/lib/0110911365.pdf (abgerufen am 08.04.2019).
[73] Das islamische Bilderverbot ist der Hauptgrund für eine ornamentale Darstellung, und es war in der damaligen Zeit immer noch umstritten, welches Bild dargestellt werden darf. Aus diesem Grund hatte Al Tawhidi Sorgen, dass seine philosophischen Aussagen – sowohl die metaphysischen als auch die rationalen bzw. die das Bild und die Kunst betreffenden – die damaligen religiösen Grenzen überschritten. Die theologische Strömung *Al Mu'tazila* war in dieser Zeit tätig und einflussreich, wodurch viele politische und religiöse Probleme zwischen den Wissenschaftlern und Gelehrten auf der einen und den islamischen Führern der damaligen Zeit auf der anderen Seite entstanden, welche bis heute andauern. *Al Mu'taziliten* waren von der griechischen Philosophie sehr stark beeinflusst. Sie haben viele religiöse Texte rational erklärt und sind dementsprechend damit umgegangen. Beispielsweise dreht sich eines der Streitgespräche um die umstrittene Kernfrage, ob ‚Allah' einen konkreten Ort hat und, was bis heute von enormer Bedeutung ist, ob ‚Allah' beschreibbar sein sollte. Jeder Wissenschaftler, der zu forschen versuchte, stand stets im Verdacht, ein *Mu'tazilet* zu sein. Nicht selten bekamen Wissenschaftler durch diesen Verdacht Probleme oder wurden von manchen geistigen Führern verfolgt. Al Tawhidi erfuhr das gleiche Schicksal. Es nahm solche Ausmaße an, dass er aus Wut fast all seine Bücher verbrannt hat, und nur sechs Bücher sind bis heute erhalten geblieben. Daher war das Bild als eine Idee in dem islamischen Mittelalter viel umstrittener als das Bildverbot. An ‚Allah' sollte geglaubt und die Texte sollten wörtlich und nicht rational wahrgenommen werden. Wenn man diesen Zusammenhang betrachtet, dann könnte das auch ein Grund dafür sein, warum die islamischen Philosophen über den metaphysischen Inhalt des Ornaments nicht gesprochen haben. Als Ausnahme gilt hier Abo Hayan Al Tawhidi. Man konnte zwar nicht nachweisen, dass Al Tawhidi zu der *Mu'tazila* gehörte, aber seine Unzufriedenheit über die Unachtsamkeit der Politiker gegenüber seinen Büchern und Philosophien könnte darauf hinweisen, dass *mu'tazilitische* Gedanken hatte (vgl. Iona Opelt 1970 (wie Anm. 47), S. 17; vgl. hierzu auch: Abo Hayan Al Tawhidi: *AL mokabasat.* Mokabasah, Nr. 91 (eine Übersetzung des Verfassers aus dem Arrabischen), (o.O.), S. 120.

(Orig. s.u., S. 324), aufrufbar unter: https://www.dopdfwn.com/cacnoscana-/scanoanya/175.pdf (abgerufen am 08.04.2019).
[74] Ebd.
[75] Vgl. Hussen Al ssediq 2003 (wie Anm. 72), S. 181.
[76] Ebd.
[77] Abo Hayan Al Tawhidi (wie Anm. 73).
[78] Ebd.
[79] Ebd.
[80] Abo Hayan Al Tawhidi: *Al Hauamel wal Shawamel*, (eine Übersetzung des Verfassers aus dem Arrabischen), S. 77. (Orig. s.u., S. 324), aufrufbar unter: https://www.dopdfwn.com/cacnoscana/scanoanya/176.pdf (abgerufen am 08.04.2019).
[81] Ebd., (wie Anim. 73), S. 6. (Orig. s.u., S. 324).
[82] Ebd., S. 6. (Orig. s.u., S. 324).
[83] Ebd., (wie Anm. 80), S. 77/78.
[84] Koran: Das Licht (24), Vers: 35.
[85] Ebd.
[86] Ebd., Al-Baqara (2), Vers: 164.
[87]Koran: (ad-Dareyat' (51), Vers: 20 - 21) und (al-Anbiya' (21), Vers: 33), zit. n. *Islam und Wissenschaft*, auf: enfal.de, aufrufbar unter: http://www.enfal.de/wissen.htm (abgerufen am 22.06.2019).
[88] Koran: Sure, Yūnus (10), Vers: 5.
[89] Al Farabi 2008 (wie Anm. 52), S. 69.
[90] Ebd., S. 105.
[91] Ebd., S. 105/106. Die geometrischen Grundformen von Linien, unterschiedlichen Winkeln oder Punkten sowie die Kombinationen mit organischen Formen und kalligraphischen Linien wurden von Al Farabi an sich als etwas Göttliches betrachtet und untersucht sowie mit der Wissenschaft der Optik synthetisiert und konkret angewendet. Al Farabi hat die Geometrie in der islamischen Kultur ausführlich beschrieben. Die islamische Betrachtung war nach seiner Betonung zugleich eine philosophische wie eine experimentelle. Punkt, Linie und Fläche wurden an sich psychologisch, philosophisch und physisch wahrgenommen sowie mathematisch angewendet. Die Geometrie ist also theoretisch konstruktiv und praktisch angewandt zu betrachten und als eine mathematische Wissenschaft einzuordnen. Die theoretische Geometrie wird von Al Farabi folgendermaßen beschrieben: „Diese erforscht bei Linien, Flächen und Körpern in absoluter Weise deren Figuren, Größen, Gleichheit und Ungleichheit, deren Arten der Lagen und Anordnungen und alles, was auf sie zutrifft, wie zum Beispiel Punkte, Winkel und anderes“ (Al-Farabi 2008 (wie Anm. 52), S. 69. Also wurden Punkt, Linie, Winkel usw. für sich untersucht, bevor sie in den Bereichen Handwerk und Kunst sowie den anderen wissenschaftlichen Bereichen Verwendung fanden.
[92] Ebd., S.107.
[93] Ebd., S. 109.
[94] Ebd., S. XLVI.

[95] Ebd., S.159.
[96] Vgl. Friedrich Dieterici 1969 (wie Anm. 31), S. 8-27.
[97] Vgl. Dieter K. Petri: *„Die 99 Namen Gottes"*, aufrufbar unter: http://dieterpetri.de/wp-content/uploads/2012/12/Die_99_Namen_Gottes-Dieter_K-_Petri.pdf (abgerufen am 27.06.2019).
[98] Ebd.
[99] Ebd.
[100] Erstveröffentlichung dieses überarbeiteten Kapitels in: Al-Azzam Hashim: *Plastik als transkulturelle Erfahrung. Vom Künstlerischen Handeln zu transkulturellen Bildungsprozessen,* Verlag Dr. Kovač, Hamburg 2021, S. 180-210
[101] Der Terminus wird im Bereich der Philosophie häufig als „Abneigung gegen etwas Neues" verwendet. Künstler der klassischen Moderne, z.B. Picasso und Kandinsky, wollten immer etwas Neues zeigen, auch wenn das auf Kosten der anderen gewesen wäre. Z.B. haben sie einige ihrer Bilder vordatiert, einige Kunstformen bzw. „fremde" Erzeugnisse schweigend und verleugnend aufgenommen. Der Begriff wird in dieser Arbeit aber kritisch im Hinblick darauf gebraucht, wo solche Kunstwerke als Ausdrucksformen des Kolonialismus angesehen werden und daher ethisch befragt werden sollen. Anders ausgedrückt sollen verschleierte interkulturelle Dimensionen solcher Werke, die von den Künstlern als ihre kreativen Errungenschaften vorgestellt wurden, entziffert und kritisch reflektiert werden.
[102] Boris Groys: *Im Namen des Lebens*, in: Boris Groys und Aage Hansen-Löve (Hrsg.), *Am Nullpunkt. Positionen der russischen Avantgarde,* Frankfurt am Main 2005, S. 11 – 25.
[103] Claudia Hattendorff: *Kolonialer Habitus. Malerei der Moderne in transkultureller Perspektive*, in: der pädagogischen Zeitschrift: Kunst + Unterricht, H. 425/426/2018, S. 15-19, hier S. 15.
[104] Carlos Idrobo: *Das, was von uns weggeht: Abwesenheit, Zeit und das Wandermotiv in der deutschen Kunst des 19. Jahrhunderts*, Hildesheim 2019, S. 36.
[105] Edith Düsing: *Nietzsches Darwin-Schock. Zur Diagnose des gegenwärtigen Nihilismus und seiner Ursachen im 19. Jahrundert,* Professorenforum-Journal 2000, S. 25, aufrufbar unter: http://www.professoren-forum.de/uploads/tx_news/v01n01a3.pdf (abgerufen am 08.06.2020).
[106] Ebd., S. 26, 29.
[107] Richard David Precht: *Wer bin ich – und wenn ja wie viele? Eine philosophische Reise,* München 2007, S. 74-77.
[108] Für Kandinsky war ein Begriff wie Religion schon veraltet. Stattdessen ist einer „geistigen Bewegung" zu folgen, welche eine neue Spiritualität beinhaltet und moralische und zugleich aufklärerische Potenziale hat. Kandinsky betont: „Wenn die Religion, Wissenschaft und Moral (die letzte durch die starke Hand Nietzsches) gerüttelt werden, und wenn die äußeren Stützen zu fallen drohen, wendet der Mensch seinen Blick von der Äußerlichkeit ab und sich selbst zu" (Wassily Kandinsky: *Über das Geistige in der Kunst,*

Bern, 1912/1970, S. 43). Kandinskys Aussage formuliert Zweifel gegen Wissenschaft, Religion und moralische Vorstellungen dieser Zeit. Diese drei Bereiche, an denen sich die Menschheit geistig orientiert, haben für den Künstler keine Authentizität und keinen Wahrheitsgehalt mehr. Sie sind als die Bereiche zu betrachten, welche die Gesellschaften sozial, materiell und geistig bilden, jedoch haben sie für Kandinsky an Glaubwürdigkeit verloren, indem sie rein rational geworden sind und daher die weiteren Fähigkeiten des Menschen einfrieren.

[109] Werner Spies: *Picasso-Skulpturen*, Berlin 2000, S. 55-61, hierzu auch: Lynda Morris: *Der Weltfriedenskongress in Sheffield*, in: Lynda Morris und Christoph Grunenberg (Hrsg.), *Picasso: Frieden und Freiheit, mit Beiträgen* von Piotr Bernatowicz (et al.), Köln 2010, S. 81.

[110] Jürgen Wasim Frembgen: *Die Aura des Alif. Schriftkunst im Islam*, anlässlich der Ausstellung (Die Aura des Alif, Schriftkunst im Islam), Staatliches Museum für Völkerkunde München, München 2010, S. 10.

[111] Alexandra Matzner: *Picasso war ein Afrikaner?*, (o.O) 2016, aufrufbar unter: https://artinwords.de/Schlagwort/primitivismus/ (abgerufen am 08.-06.2020).

[112] Olivier Berggruen: *Picasso Pablo (Ill.). Picasso und das Theater*, (hrsg.) v. Olivier Berggruen, mit Texten v. Olivier Berggruen, Ostfildern 2006, S. 214.

[113] Noch mehr als 30 Studien dieser Art sind in diesem Zeitpunkt nachzuweisen. Weitere ähnliche Studien und Skizzen lassen sich in seinen späteren Skizzenheften finden.

[114] Lynda Morris 2010 (wie Anm. 109), S. 187.

[115] Ebd.

[116] Kurt Kusenberg: *Picasso*, München 1959, S. 13.

[117] Die arabischen Schriftarten wurden von anderen fremden Schriften beeinflusst (z. B. persische und nabatäische) und jede Schrift war zu einem Zeitpunkt und bei einer Dynastie sehr beliebt. Im Osmanischen Reich war die Thuluth-Schrift sehr bedeutend und in der Mamluqischen Dynastie wurde die Muhaqqaq-Schrift als bedeutender angesehen *(Gabriele Mandel Khan: Gemalte Gottesworte: Das Arabische Alphabet – Geschichte, Stile und kalligraphische Meisterschulen,* 2013 Wiesbaden, hierzu auch: Ernst Kühnel: *Islamische Schriftkunst,* Stuttgart 1962.

[118] Abdelkaber Khatibi und Mohamed Sijelmassi: *Die Kunst der islamischen Kalligraphie*, Köln 1995, S. 128.

[119] Harald Theil: *Bild und Gefäß: Studien zu den Gefäßkeramiken Pablo Picassos,* Disser. Heidelberg 2006, 137a-137f.

[120] Hans J. Heinrichs: Wilde Künstler. Über Primitivismus, art brut und die Trugbilder der Identität, Hamburg 1995, S. 29.

[121] William Rubin (Hrsg.): *Primitivismus in der Kunst des zwanzigsten Jahrhunderts*, Ausst. Kat, München 1984.

[122] Spies 2008 (wie Anm. 109), S. 61.

[123] Markus Brüderlin 2012 (wie Anm. 8), S. 348.

[124] Ebd.

[125] Wassily Kandinsky: *Rückblick mit einer Einleitung v. Ludwig Grote*: 1901-1913, Baden-Baden 1955/b, S. 21.

[126] Zit. n. Michaela Rammert-Götz: *Das abstrakte Ornament im Münchner Jugendstil. Theorien und Gestaltung*,1994 München, S. 168. Kandinskys skeptische Position gegenüber der Funktion des Ornaments ist mit Adolf Loos antiornamentaler Haltung, die er 1908 in seiner berühmten puristischen Aussage gegen den Jugendstil in seinem Essay „Das Ornament und Verbrechen" *(Adolf Loos: Ornament als Verbrechen, München 1908/1962, aufrufbar unter: https://www.designtagebuch.de/wp-content/uploads/2011-/11/adolf-loos-ornament-und-verbrechen.pdf (abgerufen 08.06.2020)* formulierte: „(...) Das moderne Ornament hat keine Eltern und keine Nachkommen, hat keine Vergangenheit und keine Zukunft. Es wird von unzivilisierten Menschen (…) mit Freuden begrüßt und nach kurzer Zeit verleugnet" sowie: „Da das Ornament nicht mehr organisch mit unserer Kultur zusammenhängt, ist es auch nicht mehr der Ausdruck unserer Zeit" *(ebd.)*

[127] Armin Zweite: *Kandinsky. Kleine Freuden, Aquarelle und Zeichnungen*, (hrsg.) v. und mit (Beit.) v. Vivian Endicott Barnett und Armin Zweite, München 1992, S. 10, 56.

[128] Nina Kandinsky: Kandinsky und Ich, München 1978, S. 208.

[129] Auf die islamische ornamentale Symbolik begrenzt lässt sich finden, dass sie im Gegensatz zur christlichen Symbolik auf das Figurative verzichtet hat, von dem Geometrischen und ihrer Wirkung abhängig ist. Beispielsweise die islamische Schrift betrachtet lässt sich zustimmen, dass es sich nicht nur um einen religiösen Inhalt bzw. heilige Schriften handelt, sondern es auch um eine „schöne" geometrieähnliche schmuckhafte Erscheinung geht. Obwohl die Schrift, wie z.B. der „Kufi-Duktus", durch ihre expressive Schriftform und ihre dekorative Funktion schwer lesbar ist, wird sie ideographisch und symbolisch wahrgenommen. Eine schöne und mystische Wirkung soll sie beim Betrachter erzeugen, indem sie ihm Freude im Sinne eines übersinnlichen Glücks bereitet *(Hans Belting 2008 (wie Anm. 15), S. 85)*. Das Gefühl und das Wirken, das die mittelalterliche islamische Ornamentik bei dem Betrachter hinterlassen sollte, sollte als eine Zusammenballung vieler Eigenschaften und Symbole in einem Augenblick, in dem nach Altawhidi (922-1023) ein „göttliches Bild" blitzhaft im Gegensatz zum „realen Bild" empfunden werden sollte *(Hussien Al ssediq: Die Philosophie der Schönheit und von Kunst-Angelegenheiten bei Abu Hayan Al Tawhidi, S. 181, Damaskus 2003, aufrufbar unter: https://archive.org/details/4419-pdf/page/n29/mode/2up (abgerufen am 23.05.2025)*. Anders ausgedrückt, die islamische Ornamentik ist nach der Meinung des Verfassers dieses Textes als ‚Codex' zu betrachten, in dem die mittelalterlichen islamischen Schriften, die islamische Weltanschauung, die göttlichen Eigenschaften und eine islamische Metaphysik ausgedrückt werden sollten. Das heißt, dass Kandinskys und Picassos Kompositionen sich im Gegensatz zu den ornamentalen De-Kompositionen als eine neue, parallele Welt zur Natur zeigen, indem sie mit dem ‚Organismus' der Natur und ihren Gesetzmäßigkeiten zu tun haben sollen. Als gottähnlich konstruiert der Künstler seine eigene Welt,

die von einer industrialisierten materialisierten und ideologischen Welt nicht dominiert bleiben sollte, sondern in der die intuitiv geleitete Erschaffung von Gefühl in den Vordergrund treten müsse, und veranlasst so eine neue Spiritualität. Daher unterscheidet sich das Abstrahierungsprinzip der Ornamentik vom Prinzip der abstrakten Kunst. Während in der islamischen Ornamentik die göttliche Schönheit, die als Symbol zu verstehen ist, ausgedrückt wurde, ging es bei Picasso und Kandinsky um das Symbollose sowie um das Interessante und das Erhabene, das von dem modernen naturwissenschaftlichen Weltbild nicht getrennt ist. In dieser Hinsicht handelt es sich um unterschiedliche weltanschauliche Erzählungen und Anti-Erzählungen, die sich für unterschiedliche existenzielle Dimensionen und Erkenntnistheorien interessieren.

130 Zu dem „imitatio naturae“ meint Costazza A., dass die moralische-psychologische Aufmerksamkeit auf die Wirkung der Kunst in der frühaufklärerischen Wirkungsästhetik einerseits und die Genie- und Ausdrucksästhetik mit ihrer Konzentration auf den Produzierenden, schaffenden Künstler andererseits das rationalistische und objektivistische Nachahmungsprinzip endgültig verdrängt haben sollten *(Alessandro Costazza: Imitatio Naturae in der Poetik, in: Battafarano I. M. und Michele Italo (Hrsg.), Deutsche Aufklärung und Italien, Bern u.a. 1992, S. 87ff)*. Das bedeutet nicht, dass Kandinsky auf die Natur verzichtet hat, sondern die >imitatio naturae< bewegt sich von der Äußerlichkeit der Natur zu ihrer Innerlichkeit, indem das Geistige (Seele) der Natur in der Kunst nachgeahmt werden kann. Das heißt, der Künstler sollte sich >Wie die Natur< selbst intuitiv verhalten.

131 Wassily Kandinsky: *Essays über Kunst und Künstler*, (hrsg.) v. Max Bill, Teufen 1955/a, S. 30.

132 Markus Brüderlin 2012 (wie Anm. 8), S. 348.

133 Hans Bonnet: „Dendera“, in: *Lexikon der ägyptischen Religionsgeschichte*, Hamburg 2000, S. 155f.

134 *Der Almanach*: Eine Kunstzeitschrift, die von Bernhard Koehler gefördert wurde. Bernhard Koehler war ein wohlhabender Fabrikant, war der Onkel von Mackes Ehefrau und hatte seit 1910 die Publikation des *Almanachs* der Blaue Reiter finanziell unterstützt. Almanach ist ein arabisches Wort und bedeutet das ‚Klima‘.

135 Brigitte Salmen: „Ägyptische Schattenspielfiguren“, in: *Der Almanach "Der Blaue Reiter". Bilder und Bildwerke in Originalen*, hrsg. von ders., Murnau 1998, S. 147–152, hier 147.

136 Ebd., S. 148.

137 Ebd.

138 Hashim Al-Azzam 2021 (wie Anm. 100), S. 223.

139 Andrea Lermer und Avîno ʿa. Šālēm: „*After one hundred years, the 1910 exhibition „Meisterwerke muhammedanischer Kunst“ reconsidered*, 2010 Leiden, S. 304.

140 Zit. n., ebd., S. 306.

141 Doris Behrens-Abouseif: *Schönheit in der arabischen Kultur*, München 1998, S. 39–42.

[142] Hierzu auch: Hashim Al-Azzam 2021 (wie Anm. 100).
[143] Christa Blenk: „Mattisse Arabsque", in: *Kultura extra.de*, aufrufbar unter: https://www.kultura-extra.de/kunst/spezial/ausstellung_matissearabesque_scuderien.php (23.05.2025).
[144] Zit. n. Naima Salam, *Marokkanische und europäische Kunsttraditionen als Inspirationsquelle für die marokkanische Malerei der Gegenwart*, Münster 2004, S. 42.
[145] Gerald Mackenthun: *Die Religionskritik Freuds, Im Rahmen seiner Kulturtheorie*, 1990, veröff. 2011, aufrufbar unter: https://www.geraldmackenthun.de/app/download/5784325407/Freuds_Religionskritik_%281990%29.pdf (16.02.2021).
[146] Man könnte sagen, dass diese Epoche rasante Entwicklungen für die Menschheit auf allen Gebieten leistete und die Wissenschaften bis heute nachhaltig beeinflussten. Zur Zeitenwende des 19. auf das 20. Jahrhunderts; vgl. Fritz Winzer (Hrsg.): *Kultur Geschichte Europas, von der Antike bis zur Gegenwart*, Braunschweig 1980, S. 675.
[147] Islamisches Mittelalter beschränkt sich auf den Zeitraum zwischen der Mitte des 8. Jahrhunderts bis zu der Mitte des 13. Jahrhunderts.
[148] Vgl. Franz Rosenthal: *Das Fortleben der Antike im Islam*, Zürich 1965, S. 13–41.
[149] Siehe: Hans Belting 2008 (wie Anm. 15), S. 128; vgl. Abu Nasr M. Al-Farabi: *Über die Wissenschaften*, Hamburg 2008.
[150] Nicht-Euklidische Geometrie wurde von Lobatschewski und Riemann entdeckt und damit die Euklidische Geometrie, die bis zum 19. Jahrhunderts geläufig war, beendet. Badi Panahi, *Studien über Philosophie der Natur und Sozialwissenschaften*, Berlin 1979, S. 36.
[151] Ebd.
[152] Ebd.
[153] Vgl. Wassily Kandinsky: *Punkt und Linie zu Fläche*, Bern 1955 [1926], S. 19.
[154] Vgl. Wassily Kandinsky 1912/1970 (wie Anm. 108), S. 24–26, hier S. 18; vgl. Michael Pauen: *Dithyrambiker des Untergangs. Gnostizismus in Ästhetik und Philosophie der Moderne,* Berlin 2014, S. 118ff.
[155] Friedrich Nietzsche: *Werke in drei Bänden*, Band 2. München 1954, S. 293–295.
[156] Vgl. ebd.
[157] Vgl. ebd.
[158] Vgl. Hashim Al-Azzam: *Melancholie. Ein Kult der Genies und aktiven Nihilisten,* Heidelberg 2023 [veröf. 03.01.2024], aufrufbar unter: https://archiv.ub.uni-heidelberg.de/artdok/8771/ (abgerufen am 01.06.2025).
[159] Vgl. Will Grohmann: *Wassily Kandinsky (Junge Kunst)*, Leipzig 1958, S. 179.
[160] Vgl. Neue Züricher Zeitung: *Apollon und Dionysos* [13.10.2001], aufrufbar unter: https://www.nzz.ch/article7I55Z-ld.185339 (abgerufen am 24.05.2025).

[161] Vgl. Nico Dorn: *Das Apollinische und das Dionysische. Nietzsches Gegensatzpaar im antiken Mythos*. In: texttexturen.de [01.04.2022], aufrufbar unter: http://www.texttexturen.de/apollon-dionysos-nietzsche (abgerufen am 29.06.2022).
[162] Will Grohmann (wie Anm. 159), S. 146.
[163] Judith E. Weiss: *Der gebrochene Blick, Primitivismus – Kunst – Grenzverwirrungen*, Berlin 2007, S. 92.
[164] Rudolf Steiner: *Vorträge vor Mitgliedern der Anthroposophischen Gesellschaft*, München 1909, aufrufbar unter: http://fvn-archiv.net/PDF/GA-/GA113.pdf#view=Fit (16.02.2021).
[165] Al-Azzam (wie Anm. 17), S. 246.
[166] Rudolf Steiner: *Vorträge vor Mitgliedern der Anthroposophischen Gesellschaft*, Basel 1912, aufrufbar unter: http://fvn-archiv.net/PDF/GA/G-A139.pdf#page=13&view=Fit (16.02.2021); Steiner 1909 (wie Anm. 164), S. 11–20; hierzu auch ebd., S. 99–107.
[167] Steiner 1912 (wie Anm. 166), S. 14.
[168] Rudolf Steiner: *Vorträge vor Mitgliedern der Anthroposophischen Gesellschaft*, Den Haag 1922, S. 139, aufrufbar unter: http://fvn-archiv.net/-PDF/GA/GA211.pdf (16.02.2021).
[169] Vgl. ebd., S. 130.
[170] Steiner 1909 (wie Anm. 164), S. 86.
[171] Ebd., S. 27f.
[172] Ebd., S. 86.
[173] Ebd., S. 29–33, S. 144.
[174] Siehe: Christoph Strawe: *Marxismus und Anthroposophie*, Stuttgart 1986, S. 87–90.
[175] In Kandinskys Schriften treten Termini wie Konstruktion und Intuition auf, die Kandinskys künstlerische Verhaltensweise beschreiben. In dem Wechselspiel zwischen Konstruktion und Intuition kann die Dynamik zwischen Sichtbarmachen und Empfinden, Ausdruck und Einfühlung, Mimesis und Rationalität, Zufall und Achtsamkeit verstanden werden. Das heißt, dass Intuition und Konstruktion einerseits gekoppelt und andererseits widersprüchlich und ambivalent sind. Das beschreibt zum einen das Wesen und den Ausdruck seiner Einzelformen und Einzelfarben und zum anderen seine offene dialektische Methodik und die mimetische Wirkung und Intention an seinen abstrakten Elementen und Kompositionen.
[176] Vgl. Reiner Winter: *Was ist Dialektik? Versuch einer Annäherung*, o.O. 2014, S. 1, 18f; vgl. Paul Tillich: *Vorlesung über Hegel, Ergänzungs- und Nachlassbände zu den gesammelten Werken*, Berlin 1971, S. 445.
[177] Zit. n. Gritta von Toll, „Franz Marc-Die Schöpferische Kraft“, in: *Bbys Magazin*, aufrufbar unter: https://www.barnebys.de/blog/franz-marc-gehort-zu-den-beliebtesten-deutschen-kunstlern (01.05.2025).
[178] Zit. n. Klaus von Beyme: *Das Zeitalter der Avantgarden - Kunst und Gesellschaft 1905-1955,* München 2005, S. 355.
[179] Claudia Hattendorff 2018 (wie Anm. 103), S. 15-19.
[180] Eduard Said: Orientalism, London 2003.

[181] Edward Said ist 1935 in Jerusalem, Palästina geboren. Er arbeitete als Professor im Bereich Literaturwissenschaft an der Columbia University (New York). 1978 veröffentlichte er sein Buch „Orientalism“.
[182] Thomas Schmidinger: *Orientalismus und Okzidentalismus. Zur Einführung in die Begrifflichkeiten und die Debatte*, 2009, aufrufbar unter: https://homepage.univie.ac.at/thomas.schmidinger/php/lehre/orientalismus_okzidentalismus.pdf (abgerufen am 08.06.2020).
[183] Vgl. Eduard Said (wie Anm. 180).
[184] Zit. n. Thomas Schmidinger (wie Anm. 182).
[185] Vgl. *Primitivismus in der Kunst des zwanzigsten Jahrhunderts*, hrsg. von William Rubin, München 1985. Vgl. Michaela Appel u. a., „Kunst „primitiver Völker“, in: *Der Almanach "Der Blaue Reiter". Bilder und Bildwerke in Originalen*, hrsg. von Brigitte Salmen, Murnau 1998.
[186] Zit. n. Robert Goldwater, *Primitivism in Modern Art*, Cambridge 1986, S. 30.
[187] Wassily Kandinsky 1912/1970 (wie Anm. 108), S. 152.
[188] Siehe: Claudia Hattendorff 2018 (wie Anm. 103), S. 15–19.
[189] Wassily Kandinsky 1912/1970 (wie Anm. 108), S. 21.
[190] Vgl. Carl-Peter Buschkühle: *Wärmezeit, Zur Kunst als Kunstpädagogik bei Joseph Beuys*, Frankfurt am Main 1997, S. 87f.
[191] Vgl. Hans Belting (wie Anm. 15).